O Caminho dos Sonhos

MARIE-LOUISE VON FRANZ
em conversa com
FRASER BOA

O Caminho dos Sonhos

Tradução
ROBERTO GAMBINI
Analista pelo Instituto C.G. Jung de Zurique

EDITORA CULTRIX
São Paulo

Título do original:
The Way of the Dream

Este livro é baseado na série de filmes documentários
THE WAY OF THE DREAM
produzida e dirigida por Fraser Boa
– 20 filmes de meia hora de 16 mm
disponíveis para escolas e *workshops*
e disponíveis também em videotape.

Filmes e vídeo distribuídos por:
WINDROSE FILMS LIMITED,
P. O. Box 265, Station "Q", Toronto,
Ontário M4T 2M1, Canadá.

Edição em capa dura publicada em 1988
em Toronto, Canadá,
por Windrose Films Limited
2ª impressão 1988
3ª impressão 1990

Edição	O primeiro número à esquerda indica a edição, ou reedição, desta obra. A primeira dezena à direita indica o ano em que esta edição, ou reedição, foi publicada.	Ano
3-4-5-6-7-8-9-10-11-12		01-02-03-04-05-06-07

Direitos de tradução para a língua portuguesa
adquiridos com exclusividade pela
EDITORA PENSAMENTO-CULTRIX LTDA.
Rua Dr. Mário Vicente, 368 – 04270-000 – São Paulo, SP
Fone: 272-1399 – Fax: 272-4770
E-mail: pensamento@cultrix.com.br
http://www.pensamento-cultrix.com.br
que se reserva a propriedade literária desta tradução.

Impresso em nossas oficinas gráficas.

A *dra. Marie-Louise von Franz* é a maior autoridade mundial em psicologia analítica e provavelmente a mais importante discípula viva de C.G. Jung.

Ela fez análise com Jung e trabalhou em contato direto com ele por mais de trinta anos. Autora de vários livros de psicologia analítica, ela colaborou com Jung em duas das suas principais obras, *O homem e seus símbolos* e *Mysterium Coniunctionis*.

A dra. von Franz é o personagem principal da série de documentários sobre psicologia junguiana intitulada *O caminho dos sonhos*, na qual este livro se baseia. O presente depoimento foi gravado em seu consultório, nos arredores do lago de Zurique.

Fraser Boa é um analista junguiano estabelecido em Toronto, Canadá. Formado pelo Instituto C.G. Jung de Zurique, membro da Associação Internacional de Psicologia Analítica e da Associação Nacional de Psicanálise, ele atualmente é presidente da Associação de Analistas Junguianos de Ontário.

Fraser Boa é o produtor, diretor e entrevistador da série de filmes documentários *O caminho dos sonhos*.

para
Jenny

Sumário

Agradecimentos

Muitas pessoas contribuíram para a criação da série de filmes da qual resulta este livro. Sou especialmente grato a Chris Aikenhead, que durante um ano trabalhou comigo escrevendo o roteiro original, organizando e viajando com a equipe por mais de 40.000 quilômetros e editando a maior parte dos filmes. E também a Richard Leiterman, cuja energia e conhecimento de cinema muito contribuíram para as entrevistas de rua. Eu gostaria também de agradecer a todas as pessoas que relataram os sonhos e associações que tornaram possível a realização deste trabalho.

Foram muitos os que nos apoiaram e auxiliaram: Daryl Sharp e o dr. James Hall, cujo entusiástico endosso ao projeto inicial permitiu que uma idéia se transformasse em possibilidade; o patrocinador financeiro, que acreditou no valor do empreendimento; o professor Ross Woodman e Marion Woodman, que colaboraram com muitas sugestões e alterações editoriais.

Acima de tudo, eu gostaria de agradecer a duas pessoas. Uma é Jenny Donald, minha companheira, por projetar e editar o livro com tanto zelo quanto ao seu significado e por sua infalível paciência ao lidar com os caprichos de um intuitivo. A outra é a dra. von Franz – a quem realmente este livro pertence – pelo tempo, conhecimento, visão e sabedoria que tão generosamente concedeu a mim e a este trabalho.

Prefácio

Milhões de pessoas hoje em dia procuram saber mais a respeito de si mesmas. Querem saber quem são, para poderem ser quem são. No nível pessoal, essa necessidade de compreender melhor nosso interior é revelada pelo crescente interesse por grupos de autoconhecimento e pela enorme afluência de livros e artigos sobre novas técnicas de auto-realização. Analogamente, no plano coletivo, as empresas e as grandes instituições começam a se preocupar com o desgaste humano, o estresse e a correlação entre bem-estar psicológico e produtividade, a tal ponto que muitas delas passam a reestruturar sua organização e a estimular seus empregados a participar de seminários de conscientização.

Essa percepção crescente corresponde à emergência de uma área desprezada da ciência, ou seja, o estudo da influência que a experiência subjetiva ou "interior" exerce sobre a saúde e o comportamento do ser humano. Dada a dificuldade de obter dados objetivos, alguns pesquisadores vêm se concentrando exclusivamente nos sonhos para proceder a uma investigação sistemática desse vasto universo interior. As descobertas iniciais demonstram que os sonhos revelam uma profunda relação entre os nossos estados interiores e os exteriores, e proporcionam um tipo de contato com a profundidade da mente humana até hoje não explorado pelo intelecto consciente. Uma vez decifrados, os sonhos contêm informações importantes sobre a saúde física e mental do indivíduo.

O psiquiatra suíço C.G. Jung foi um pioneiro na pesquisa dos sonhos. Ele descobriu que os sonhos procuram regular e equilibrar as nossas energias físicas e mentais. Eles não apenas revelam a causa básica da desarmonia interior e da angústia emocional, como também indicam o potencial de vida latente no indivíduo; apresentam soluções criativas para os problemas diários e idéias inspiradas para o potencial criativo da vida. Jung descobriu que enquanto dormem, através dos sonhos, as pessoas despertam para aquilo que realmente são.

Neste livro, Marie-Louise von Franz, a mais importante seguidora viva de Jung, explica e demonstra a teoria científica da análise dos sonhos. Baseada em sua pesquisa de mais de sessenta e cinco mil sonhos, a dra. von Franz conclui que a coisa mais saudável que o ser humano pode fazer é prestar atenção aos seus sonhos. "Os sonhos nos mostram como encontrar um sentido em nossas vidas, como cumprir nosso próprio destino e realizar o potencial maior de vida que há em nós."

F.B.

Introdução Pessoal

Fraser Boa

Certo dia, um alto executivo aposentado jogava golfe com um amigo. Enquanto atravessavam a pista, o amigo lhe perguntou se estava gostando de ser aposentado.

"Bem", respondeu o primeiro, "vou lhe dizer. Comecei no pé da escada e subi, degrau após degrau, até chegar ao topo. Só então descobri uma coisa terrível. Eu havia encostado a escada na parede errada."

Quando eu tinha trinta e nove anos, descobri que havia encostado a escada na parede errada e entrei naquilo que eufemisticamente hoje se chama "crise da meia-idade". Para dizer numa palavra, minha existência inteira de repente se resumia a um sonoro "e daí?" Inclusive os dois aspectos mais vitais da minha vida tornaram-se questionáveis. A carreira, que até então eu havia seguido com vigor e entusiasmo, já não me interessava mais e o relacionamento pessoal com minha mulher e minha família deixara de ser predominante em minhas energias. Exteriormente, eu trilhava o caminho reto de um homem bem-sucedido de classe média, mas por dentro não passava um dia sem que me viesse o pensamento maligno: "Deus sabe que a vida não é só isso." Os valores fundamentais sobre os quais eu tinha construído minha vida estavam erodindo e não havia reposições. Além disso, eu não sabia onde procurá-las. Não se tratava de tentar achar a agulha no palheiro; eu não sabia de palheiro algum, muito menos de agulha.

Talvez chutar a pedra com força suficiente faça com que a divindade desperte e nos sorria, ou ria de nós. Seja como for, o destino me levou ao consultório do dr. E.A. Bennet, 99 Harley Street, Londres. O dr. Bennet era altamente recomendado. Tratava-se de um analista junguiano. O *Who's Who in England* apresentava-o com nove títulos acadêmicos e profissionais; brigadeiro e coronel psiquiatra na Índia em 1942-1945; consultor honorário da Clínica Tavistock; e psiquiatra dos hospitais Royal Bethlehem e Maudsley. Ele por certo teria a resposta.

As primeiras palavras do dr. Bennet não foram promissoras. "Não posso lhe dizer o que você procura. Você deve descobrir por si só. Entretanto, posso dizer por onde começar." Se eu não conhecesse suas credenciais, a próxima frase dele teria posto fim à consulta. Num tom de absoluta certeza ele disse: "A solução para o seu dilema está dentro de você. Você a encontrará em seus sonhos. Eles lhe trarão a resposta."

"Mas eu não sonho", repliquei. "Nunca tive um sonho em minha vida."

"Todos nós sonhamos", explicou ele. "Quatro ou cinco vezes por noite. Você é que nunca prestou atenção. Tente lembrar-se dos seus sonhos e traga-os para as nossas sessões. Trabalharemos juntos para descobrir o significado deles."

Saí do consultório com enorme ceticismo mas preparado para testar o possível conhecimento do famoso médico contra a minha ignorância certa. Eu não tinha encontrado a minha agulha, mas ele dissera que conhecia um palheiro.

Nessa noite fui dormir com um lápis e um bloco ao lado da cama. Ao acordar, lembrava-me de um sonho, o primeiro de uma série que discuti com o dr. Bennet. Sonhei que estava caminhando sobre as antigas rochas da Georgian Bay. A irregularidade da superfície dificultava meus passos. Quando olhei para o chão para me equilibrar, percebi que caminhava sobre a face de Cristo.

A descoberta do sonho produziu um despertar para uma nova realidade, uma nova visão da vida, com dimensões que eu não podia ter imaginado antes. Meu trabalho com o dr. Bennet confirmou sua predição inicial. A informação que eu buscava estava mesmo dentro de mim e meus sonhos me davam acesso a essa realidade subjetiva. Eles eram como pontes que me ligavam a vastas áreas de mim mesmo e eu não sabia de sua existência: pensamentos, sentimentos, interesses, potenciais e energias ocultos na minha mente interior, fora do alcance da intenção consciente. Não mais condenado à futilidade de uma existência baseada no "e daí?", eu me sentia vivo, vitalizado e, acima de tudo, com a sensação de que valia a pena viver a minha vida.

O interesse pelos sonhos levou-me ao Instituto C.G. Jung de Zurique, onde tive a boa fortuna de fazer minha análise didática com a dra. Marie-Louise von Franz. Trabalhar individualmente com ela era um grande privilégio. A dra. von Franz não apenas era a mais importante autoridade mundial em psicologia analítica, mas também uma excelente professora, dotada de uma rara capacidade de explicar as mais complexas teorias psicológicas. Como todos os grandes mestres, o uso que fazia de exemplos da vida cotidiana tornava o material vivo e relevante.

Aos poucos, percebi que minha experiência do "e daí?" não era só minha. Havia outros com o mesmo dilema e comecei a imaginar se não seria possível partilhar com eles minha experiência com essa grande analista trabalhando os sonhos em seu consultório. Com certeza, eles apreciariam as informações que o destino me fez encontrar.

Falei pela primeira vez com a dra. von Franz da idéia de realizar uma série de filmes durante uma conferência em Oxford. Era uma tarde chuvosa. Conversávamos ao pé do fogo, tomando uma cerveja inglesa. Esbocei um roteiro que visava tornar a psicologia junguiana acessível ao público em geral. O formato era simples. Conversaríamos informalmente sobre os conceitos básicos da psicologia analítica e ela interpretaria sonhos para iluminar a teoria. Entrevistas de rua com pessoas de várias partes do mundo dariam ainda mais vida aos filmes. Não era uma decisão fácil para ela. Ao participar dos filmes, ela estaria permitindo que o público entrasse em seu consultório. (Analista algum, inclusive Jung, jamais tinha feito isso.) Ela não estaria interpretando um mito antigo, um trecho de literatura ou um caso dissimulado, mas os sonhos reais de pessoas vivas. Fiquei surpreso com a sua resposta.

"Eu participarei", disse ela, "mas com a condição de que todos os sonhos sejam relatados no filme pelos próprios sonhadores. Atores não, a não ser que contem seus próprios sonhos."

"Não vai funcionar", repliquei. "Amadores serão embaraçosamente autoconscientes."

"Então não participarei", disse ela. "Um filme com atores narrando sonhos alheios não teria integridade alguma. É preciso que as pessoas contem seus próprios sonhos... pessoas reais e sonhos reais."

Pedimos outra cerveja.

Na primavera seguinte, mais de cinqüenta pessoas haviam concordado em relatar seus sonhos diante da câmera. As escolhas foram difíceis e demandaram considerável reflexão, pois as pessoas sabiam que seus sonhos poderiam ser analisados em público pela dra. von Franz.

Os que participaram do projeto, porém, foram compensados pela ovação de um público em pé durante a apresentação inicial dos filmes em Boston, quando do lançamento para a América do Norte e Europa. Pensei que uma coisa estava nascendo, mas foram duas. Com a crescente popularidade da série filmada, as cartas de pessoas que tinham assistido aos filmes me deram a certeza de que valeria a pena fazer uma transcrição. Muitos afirmavam ser a dra. von Franz uma mulher extraordinária que dizia coisas muito interessantes; mas que por isso mesmo sentiam falta de um livro para estudar e refletir sobre esse material. Um homem declarou sucintamente: "Você não pode parar o filme e discutir."

Uma das grandes satisfações de transformar os filmes em livro foi a possibilidade de incluir boa parte do material que infelizmente havia sido cortado na edição. Num certo sentido, portanto, Marie-Louise von Franz está mais presente e mais bem representada no livro do que nos filmes. Por outro lado, no sentido visual, é claro que ela está menos presente. Pesando ganhos e perdas (de forma alguma óbvios), tivemos de enfrentar as reais diferenças entre as duas linguagens, filme e livro. Um livro que pretende ser um livro não pode apenas ser a transcrição da trilha sonora de um filme. Um roteiro cinematográfico se organiza a partir da técnica visual da montagem. Em seu poema *A Terra devastada*, T.S. Eliot explorou essa técnica do cinema para colocar em imagens o caráter fragmentário e descontínuo da sociedade moderna. Sua intenção era oferecer, como dizia, "um amontoado de imagens quebradas". Nós, entretanto, tínhamos outro propósito: estabelecer uma comunicação muito mais direta com o leitor. Nossa preocupação primordial era a informação e aquela compreensão clara que esperamos possa advir de informações apresentadas de modo simples. Nossa tarefa não era confundir a mente em perplexidades para criar a ilusão de um mundo caótico que perdeu o sentido, mas exatamente o contrário.

Este livro foi escrito para ajudar as pessoas a compreenderem o mundo dos sonhos como um meio para compreender um mundo em essência muito coerente, seja ele visto por dentro ou por fora. Foi escrito para informar e instruir, na certeza de que os próprios sonhos têm essa mesma intenção. Espero que ele seja útil como um guia acessível e profundo à psicologia analítica e à análise junguiana dos sonhos, de autoria dessa figura exponencial que é a dra. Marie-Louise von Franz.

Parte 1

Introdução

Capítulo 1

Descida ao Mundo dos Sonhos

"... Os sonhos fornecem informações extremamente interessantes a quem se empenhar em compreender o seu simbolismo. O resultado, é verdade, pouco tem a ver com preocupações mundanas como comprar e vender. Mas o sentido da vida não é explicado pelos negócios que se fez, assim como os desejos profundos do coração não são satisfeitos por uma conta bancária."

C.G. Jung

Marie-Louise
von Franz

Fraser Boa

A dra. Marie-Louise von Franz é uma analista junguiana que vive e trabalha em Küsnacht, Suíça. Ela fez análise com C.G. Jung e trabalhou diretamente com ele durante mais de trinta anos. É autora de vários livros de psicologia analítica e colaborou com Jung em duas obras importantes, O homem e seus símbolos e Mysterium Coniunctionis. Nossas conversas tiveram lugar em seu consultório, que dá vista para o lago de Zurique.

Dra. von Franz, há quanto tempo a senhora vem estudando os sonhos?

Bem, creio que há uns trinta anos. Segundo meus cálculos, devo ter interpretado, no mínimo, cerca de sessenta e cinco mil sonhos.

Há uma questão que sempre me intrigou e que talvez também já tenha lhe ocorrido. Quando estou para dormir, caio num vácuo. Deixo de existir. Então, subitamente, algum poder interior me força a entrar numa experiência que não planejei – voar, guiar um carro, fazer amor – experiências tão reais quanto as da minha vida acordado. Que poder é esse? Quem é que engendra os sonhos?

Esse é o grande mistério. Quem engendra os sonhos? Muita gente ainda tem o preconceito ingênuo de que os sonhos expressam nossos próprios desejos, ou nossos esquemas e tramas. No entanto, quanto mais se observa os sonhos, mais se percebe que isso não pode ser verdade. Uma parcela enorme dos nossos sonhos diz coisas que não queremos ouvir.

> "Pesadelos! Eu tenho pesadelos e não sonhos. Certa vez dei um pulo na cama e acabei sentado no chão."
>
> *Motorista de táxi da Califórnia*

A base da qual se originam os sonhos parece ser, usando uma expressão vaga, a própria Natureza. É um fenômeno natural que provém da mesma fonte que uma árvore ou um porco selvagem. Ora, você não pode dizer o que engendra um porco selvagem. Se acredita em Deus você dirá: "Deus faz o porco selvagem", mas de qualquer forma, trata-se daquele poder desconhecido ou daquela força misteriosa que dá origem à existência como um todo. Talvez, então, seja melhor usar uma expressão vaga, Deus ou a Natureza, sem prender os sonhos a algo específico.

> "Outro dia tive um sonho horrível quando voltei a dormir um pouquinho antes de sair para trabalhar. Matavam a mãe de um amigo... não era nada bonito."
>
> *Garçonete Inglesa*

Após acompanhar os sonhos por um bom período de tempo, porém, notamos certas qualidades e funções. Eles possuem uma inteligência superior, uma sabedoria e uma perspicácia que nos orientam. Eles nos mostram em que aspecto estamos enganados e nos alertam a respeito de perigos; predizem eventos futuros; aludem ao sentido mais profundo da nossa vida e nos propiciam *insights* reveladores. Se analisar sonhos de artistas ou cientistas criativos, por exemplo, você verá que muitas vezes novas idéias lhe são reveladas através dos sonhos. Elas não são concebidas no computador. Pelo contrário, brotam do inconsciente sob a forma de *idéias súbitas*, como se costuma dizer. Vários documentos demonstram que muitos cientistas primeiro sonharam certas soluções matemáticas e depois as resolveram conscientemente. Devemos, então, concluir que existe uma matriz psíquica capaz de produzir novos *insights* criativos.

> "Só me lembro daqueles que me fazem sentir bem. Sem dúvida, há um monte que eu bloqueio. Se quer lembrar-se de um sonho, escreva-o imediatamente e ele lhe dirá muito sobre como você realmente se sente."
>
> *Ator de Toronto, Canadá*

Depois de analisar sonhos como processos psíquicos vitais, a única coisa que talvez se possa dizer é que essa matriz parece orientar o ego consciente para uma atitude adaptada e madura frente à vida. Por exemplo, se um jovem neurótico se recusa a entrar na vida ela lhe dá um empurrão saudável, ou se uma pessoa idosa não consegue aceitar a velhice e a morte, ela representa o sentido da velhice e da morte através de imagens bonitas. Essa matriz que engendra os sonhos em nós tem sido denominada guia espiritual interior, ou centro da psique. A maioria dos povos primitivos simplesmente a chama de Deus, ou usa o nome de um deus específico. O deus supremo dos astecas, por exemplo, era o artífice dos sonhos e guiava as pessoas através dos seus sonhos. Com toda probabilidade, um cristão diria que essa matriz é o Cristo interior em nossa alma. Um budista reconheceria esse mesmo centro. Segundo um velho mestre zen, Buda certa vez disse que quem segue o caminho interior certo tem sonhos bons. Parece, portanto, haver em nós uma inteligência superior que poderíamos denominar guia interior ou centro divino que produz os sonhos, cujo objetivo parece ser tornar a vida do indivíduo a melhor possível.

> "Os sonhos são uma compensação que, se você se lembrar deles, serve para descobrir os truques que você faz consigo mesmo – daí será possível fazer alguma coisa a respeito. É assim que encaro os sonhos."
>
> *Escritor irlandês*

Os sonhos não nos protegem das vicissitudes, doenças e eventos dolorosos da existência. Mas eles nos fornecem uma linha mestra de como lidar com esses aspectos, como encontrar um sentido em nossa vida, como cumprir nosso próprio destino, como seguir nossa própria estrela, por assim dizer, a fim de realizar o potencial de vida que há em nós.

Dra. von Franz, como foi que a senhora começou a se interessar pelo estudo dos sonhos?

Quando encontrei Jung pela primeira vez, ele comentou o caso de uma mulher que teve uma visão e a interpretou para mim. Fiquei impressionada, pois subitamente percebi que para ele eventos interiores, como visões e sonhos, eram *a* realidade, tão real quanto aquela que denominamos realidade exterior. Foi uma revelação e tanto. A partir de então, li os livros dele e pude perceber a importância que ele dava aos sonhos. Eu sentia que se não fizesse análise, eu nunca poderia julgar se o que ele dizia era verdade ou não, se era certo ou errado. Reuni toda a coragem que tinha, perguntei se poderia fazer análise com ele e ele concordou. Depois disso, cada interpretação de sonho era uma revelação. Segundo Jung, eu tinha sonhos especialmente difíceis e complicados, dos quais eu não compreendia uma palavra sequer. Eles eram verdadeiros enigmas chineses sem sentido. Eu chegava à casa dele com aqueles disparates, e com grande esforço ele extraía o sentido. Às vezes, pegava um lenço, enxugava a testa e dizia: "O que você faria se não tivesse um Jung para entender esse sonho tão complicado?"

Era sempre uma revelação surpreendente, que perdurou enquanto trabalhei com ele. Mais tarde, quando ele envelheceu, eu lhe contava menos sonhos, pois percebi que se cansava. (Interpretar sonhos acarreta grande esforço físico. Não se trata apenas de um exercício mental.) Mas nos primeiros anos da minha análise a maior parte do trabalho consistia em decifrar aquelas mensagens chinesas noturnas. Lembro-me de que ia para a análise num estado de espírito tenso, nervoso, muitas vezes depressivo, e saía da sessão com uma sensação de "Ah, agora eu sei, agora percebo para onde a coisa está indo".

A maioria das pessoas que entrevistamos na rua afirma não se lembrar dos próprios sonhos. Um rapaz, bem-humorado, disse: "A única coisa que me lembro dos sonhos é que não consigo lembrar deles." Por que as pessoas não se lembram dos próprios sonhos?

Acho que é porque não prestam atenção. Algumas pessoas que me procuraram já disseram coisas do tipo: "A senhora analisa as pessoas através dos sonhos, não é? Bem, comigo não vai dar certo porque nunca sonho." Dou um sorriso amarelo e digo: "Tudo bem, vamos ver." Na noite seguinte, eles devem ficar remoendo: "Será que vou sonhar?" Muitas vezes, o simples fato de colocar a questão provoca um sonho. Assim, na verdade, nunca encontrei alguém que não sonhasse. Salvo, às vezes, pessoas num estado de depressão muito forte, que ficam com o que chamo de constipação onírica. Pessoas assim sonham pouco e costumam sentir-se melhor quando começam a sonhar. Os sonhos também rareiam na velhice, após os 80 anos, mas eles reaparecem um pouco antes da morte.

> "Muito bem, vou lhe dizer. Agora já não tenho mais memória. Tenho quase noventa anos e já não consigo mais... Eu sei que antes sonhava muito mas agora não sonho mais."
>
> *Uma senhora numa loja, em Toronto*

A senhora mencionou que precisava de um Jung para interpretar os seus sonhos. Será que é possível uma pessoa comum aprender a arte de interpretar sonhos, ou seria isso tão complexo que só uma elite poderia fazê-lo?

Penso que é como em todas as ciências: só uma elite se aprofundará na complexidade e nas questões científicas levantadas pela interpretação de sonhos. Trata-se de uma profissão que requer habilidade profissional. O homem comum não pode simplesmente absorvê-la e dominá-la. Mas, como ocorre com todas as ciências, certas regras básicas, certos aspectos gerais podem ser transmitidos ao público mais amplo. Isso pode ajudar aqueles que não pretendem fazer análise ou mergulhar nos complicados problemas científicos relativos à interpretação dos sonhos. Dentre vinte sonhos ininteligíveis, aparecem de quando em vez sonhos simples que qualquer um entende de imediato.

O inconsciente, entre outras coisas, é um grande brincalhão, e às vezes ele fala direto – bang! Ao anotar o sonho, você dá uma gargalhada e sabe o que significa. Pouco tempo atrás, por exemplo, eu estava doente e revoltada contra a minha doença, e sonhei estar numa festa, saudando velhos soldados que retornavam do serviço militar. No momento em que devolviam suas ferramentas de carpinteiro, percebi que eram todos muito velhos. Tinham 100 anos e alguém falou no meu ouvido: "Sim, essa gente foi mantida por tempo demais na ativa." Não é preciso pagar um analista para compreender este sonho. Reduzi de imediato meu volume de trabalho.

> "No ano passado, quando voltei a Illinois para visitar algumas pessoas, fiquei pensando sobre o que faria na vida se não tivesse certas coisas, especialmente minha namorada. Naquela noite, sonhei que estava na praia atirando pedras na água. De repente, uma mão me agarrou por trás e disse: 'Nunca perca as coisas que você ama.' Virei-me mas não havia nada. Percebi subitamente que meu punho estava cerrado. Abri a mão e nela estava um retrato da minha namorada. Esse sonho me fez pensar que eu não devia desistir dela assim tão depressa, e não desisti. Esse foi o sonho que mais me influenciou."
>
> *Um surfista da Califórnia*

Entretanto, muitos dos nossos sonhos não são assim tão óbvios. Já tive sonhos que me pareceram fáceis de entender, mas depois de trabalhar sobre eles eu percebia estar enganando a mim mesmo.

É por essa razão que, em geral, não se deve interpretar os próprios sonhos. Os sonhos costumam tocar nosso ponto cego. Eles nunca nos dizem o que já sabemos, mas o que não sabemos. Quando interpretam seus próprios sonhos, as pessoas tendem a dizer: "Sim, eu sei o que isso quer dizer." Então projetam no sonho aquilo que já sabem. "Oh, isso é meu problema tal e tal", e assim por diante. Muitos pacientes fazem isso. Eles chegam e dizem: "Tive um sonho, mas sei o que significa", e daí dão uma explicação completamente banal a respeito de algo que conhecem há anos sobre si mesmos. Em casos assim, costumo chamar a atenção: "Espere um pouco. Vamos examinar o sonho do jeito que é, devagar, do começo ao fim." E acabamos chegando a algo muito diverso e surpreendente.

Interpretar os próprios sonhos é muito difícil. Por isso Jung recomendava aos analistas junguianos que procurassem colegas para discutir sonhos. Ele costumava reclamar: "Não tenho um Jung para interpretar os meus sonhos." Assim, ele contava os sonhos que tinha aos seus discípulos. Mesmo que dissessem alguma bobagem, isso poderia abrir-lhe uma nova perspectiva sobre o sonho e ajudá-lo a ser mais objetivo.

A dificuldade de interpretar nossos próprios sonhos é que não podemos ver nossas próprias costas. Se as mostrarmos para outra pessoa, esta poderá vê-las; nós não. Os sonhos tocam as costas, aquilo que não se pode ver, e é preciso ficar de cabeça para baixo, por assim dizer, para entender os próprios sonhos. Essa é a grande dificuldade, o que causa muitos equívocos.

Lembro-me de uma paciente esquizofrênica que sempre tinha interpretações prontas, tiradas de um manual qualquer. "Isso significa que ganharei dinheiro", ou "vou conseguir aquele emprego" ou "não vou conseguir o emprego", e assim por diante. Naturalmente, era tudo um grande disparate.

Mas se é tão benéfico poder ver as próprias costas, por que a humanidade sempre teve medo do mundo dos sonhos?

Há boas razões para isso. O inconsciente pode devorar o ser humano. É por isso que os sonhos não são levados em conta. Estamos apenas descobrindo que o mundo dos sonhos é o que existe de mais benéfico na face da Terra e que observar os próprios sonhos é a coisa mais salutar que se pode fazer. Entretanto, o mundo onírico pode também devorar uma pessoa que fique sonhando acordada, tecendo fantasias neuróticas ou perseguindo idéias irreais. Basta visitar um manicômio para ver as vítimas do mundo dos sonhos. Um vive o sonho de que é Napoleão. Outro confidencia que, na verdade, é Jesus Cristo, mas que ninguém o compreende. Eles foram engolidos pelo mundo dos sonhos.

O mundo onírico só é benéfico e terapêutico se com ele estabelecermos um diálogo, sem no entanto abandonar a vida real. Não se pode esquecer de viver. Os deveres da vida real não devem ser postos de lado. No momento em que se começa a ignorar a vida exterior – o próprio corpo, a alimentação, o trabalho diário –, o mundo dos sonhos torna-se perigoso. Esse aspecto é o que denominamos inconsciente devorador, ou mãe devoradora. Ele é capaz de nos arrancar da realidade e de nos enredar numa irrealidade neurótica ou mesmo psicótica. O mundo onírico só é positivo quando em diálogo vivo e equilibrado com uma vida realmente vivida.

Dra. von Franz, poderia nos dar um exemplo pessoal desse diálogo? O rumo da sua vida alguma vez foi alterado por um sonho?

Sim, tive muitos sonhos que mudaram minha vida e que foram experiências de revelação. Há um em particular, que penso ser o maior sonho que já tive, no período entre meu encontro com Jung e o pedido para fazer análise com ele. Tive esse sonho, que Jung chamaria de arquetípico, ou religioso, numa noite de Natal, quando estava com dezoito anos. O sonho era uma longa descida mitológica até o inconsciente. Daria para resumir como uma descida ao Hades, à procura da água mística da alquimia e o retorno, trazendo comigo essa água. Uma espécie de incursão xamanística na terra dos mortos. Ainda considero esse o sonho mais importante da minha vida. Acordei extremamente abalada. Tanto que não pude me mover por algumas horas. Fiquei na cama, tremendo, até ter coragem de levantar e de me vestir. Contei o sonho a Jung, mas ele nunca o interpretou em detalhe. Disse apenas: "Eu sabia que você tinha algo a ver com alquimia. Sabia disso desde o momento em que a encontrei. E agora vemos que é mesmo." Esse sonho criou a base para um dos trabalhos mais importantes da minha vida, minha colaboração com Jung sobre o simbolismo da alquimia.

Com licença... "Meu nome é Fraser Boa e estamos fazendo um documentário sobre sonhos. Poderia falar conosco?"

"Sobre sonhos? Deve estar brincando..."

"O que acha dos sonhos?"

"O que acho dos sonhos? Acho que são legais."

"Lembra-se de algum?"

"Sim, lembro."

"Por quê?"

"Por que me lembro deles? Não sei. Por que você se lembra de que dorme e acorda?"

"Dá para você nos contar um sonho?"

"Tá, um daqueles de voar. Por alguma razão, de vez em quando, sonho que estou voando num Edsel. Não me pergunte por quê... Num Edsel! Não posso evitar. Vocês aí devem ser loucos! Por que alguém iria fazer um documentário sobre sonhos?"

"Fale do Edsel. Ele voa bem?"

"Ah, é o máximo. O máximo! A única coisa é que quando você está voando, tem que ficar pensando nisso, senão a coisa cai."

"Alguma vez ele caiu?"

"Não, apenas vem planando. Você sabe como são os Edsels!"

"Obrigado por falar conosco."

"Façam bom proveito... (Olhando para trás enquanto sai pedalando) Vocês são loucos mesmo!"

Um ciclista, Golden Gate Park, São Francisco

Parte 2

A Psicologia Básica de C.G. Jung

Capítulo 2

Mapeamento do Inconsciente

Depois de descobrir a América, Colombo levou muitas riquezas para a rainha Isabel. Mas os tesouros mais valiosos eram seus mapas, com a ajuda dos quais outros poderiam explorar ainda mais a terra recém-descoberta.

Os sonhos têm sido considerados a via régia para o inconsciente. C.G. Jung viajou por essa via e trouxe consigo um mapa da psique humana.

A mente humana divide-se em duas partes, consciente e inconsciente, sendo esta a mais ampla. Nossa mente inconsciente poderia ser comparada a um computador repleto de informações; a mente consciente, por sua vez, só seria capaz de captar o pequeno conjunto de dados visíveis na tela num dado momento. Essa tela, nosso campo consciente, está sempre mudando. Aquilo que é consciente num momento pode ser inconsciente no momento seguinte. Uma experiência comum desse fato é aquela súbita incapacidade de lembrar nomes na hora de fazer apresentações, nomes que um minuto atrás se sabia muito bem, ou se confundir com um número de telefone conhecido. A informação está na cabeça, mas fica presa ao inconsciente e a força de vontade não basta para torná-la acessível à consciência.

Quando nos perguntamos: "Por que estou me sentindo assim?" ou "O que está se passando na minha cabeça?", estamos tentando trazer informações do inconsciente para a consciência. É como se soubéssemos que a solução está em algum lugar dentro do computador, mas não conseguimos fazê-la aparecer na tela. Como disse Jung, a consciência é "a relação entre os conteúdos psíquicos e o ego... na medida em que essa relação é percebida pelo ego".

A grande descoberta da psicologia profunda é que cinco ou seis vezes por noite a parte inconsciente da psique é retratada nos sonhos; ao relembrá-los, nossa mente consciente tem a oportunidade de observar conteúdos da mente inconsciente.

No entanto, mesmo que o sonho seja lembrado, via de regra a informação não faz o menor sentido para a mente consciente e não é fácil de decifrar. (O inconsciente não se expressa através de uma linguagem racional prontamente acessível à mente consciente.) Pelo contrário, um sonho revela o inconsciente sob a forma de imagem, metáfora e símbolo, numa linguagem intimamente associada à da arte. Longe de ser exposições objetivas e prosaicas, os sonhos costumam ser confrontos altamente subjetivos e pessoais, nos quais o ego, o "eu", sente emoções que vão do medo e hilaridade à sensação de sublime paz e beleza. Assim como as peças teatrais, os poemas e a pintura, a linguagem dos sonhos transmite o poder e a sutileza tanto dos sentimentos como do pensamento racional.

Depois de pesquisar por muitos anos a linguagem dos sonhos, C.G. Jung descobriu e batizou alguns temas e figuras recorrentes que constituem a base dessa linguagem. Uma vez compreendidas, essas estruturas são facilmente reconhecíveis e os sonhos passam a fazer algum sentido para a mente consciente.

Dra. von Franz, antes de passar à análise em profundidade dos sonhos, poderia nos explicar os principais elementos estruturais da linguagem do inconsciente e esclarecer os termos descritivos usados pela psicologia analítica? Algumas dessas palavras têm um sentido bastante distinto na linguagem coloquial. Comecemos com o termo "o inconsciente". Dissemos que os sonhos revelam o inconsciente de uma pessoa. Na psicologia junguiana, o que quer dizer "o inconsciente"?

O inconsciente é tudo aquilo que sabemos ser psiquicamente real, mas que não é consciente. Trata-se de um conceito limítrofe, e negativo. Usamos esse conceito negativo para evitar um preconceito. Alguns o chamam de supraconsciente, outros de subconsciente, outros ainda falam em esfera divina ou base existencial. Nomes há aos milhares.

Preferimos o termo *inconsciente* justamente porque não diz nada. Diz apenas que não é consciente, o que permanece um mistério. Não sabemos o que é. Sabemos apenas que há fenômenos psíquicos que se manifestam através de sonhos, gestos involuntários, lapsos da fala, alucinações ou fantasias que não são conscientes. Por exemplo, você pode durante o dia ter uma fantasia e dizer: "Que fantasia estranha! Que coisa mais louca! Não sei o que isso quer dizer." Se você não sabe o que ela quer dizer e acha que é louca, obviamente ela não é consciente, porque se o fosse, você saberia o que quer dizer. Você saberia a que a fantasia se refere. Ora, isso é um evento psíquico, que não ocorreu materialmente. Ocorreu enquanto evento psíquico e é o conjunto de eventos psíquicos não conscientes que chamamos de o *inconsciente*.

Jung disse que a mente, ou a psique, compõe-se de vários complexos. No linguajar diário, porém, usamos a palavra "complexo" para descrever apenas um aspecto negativo da personalidade de alguém. Dizemos que uma pessoa tem um complexo de inferioridade, ou de poder, ou um complexo materno. Poderia nos explicar o que Jung queria dizer com a palavra "complexo"? Qual é seu significado psicológico?

Bem, os complexos são simplesmente os motores da psique. São como diferentes núcleos, que impulsionam e vitalizam a psique. Se não tivéssemos complexos estaríamos mortos. Você experimenta um complexo, por exemplo, quando se sente entediado e de repente algo lhe interessa e você se envolve. Aí um complexo foi tocado. Assim, os complexos são simplesmente os centros de energia da psique.

Mas em linguagem coloquial usamos *complexo* só de forma negativa. Dizemos então que alguém tem um complexo sexual, ou de dinheiro, ou paterno, o que significa que o complexo em questão ativa a energia da pessoa, só que negativamente. Por exemplo, no sonho de uma mulher com um complexo paterno pode-se perceber que todas as energias do sonho focalizam a figura central do pai.

"Sonhei que no meio da noite o telefone tocava e minha mãe atendia. Era minha avó, que dizia algo sobre meu pai. Saí até o terraço e vi o carro dele ainda no corredor. Ele estava parado na direção, inclinado para a frente como se fosse dirigir, mas não se mexia. Percebi então que ele poderia estar morto e que eu devia chamar uma ambulância. Daí olhei para o corredor. Era circular. Estava cheio de bexigas, como essas de aniversário – centenas e centenas de bexigas brancas. Aí pensei que para a ambulância poder chegar até ele era preciso estourar todas aquelas bexigas."

Uma jovem mãe

Dra. von Franz, a senhora disse que os nossos sonhos revelam a mente inconsciente. Ou seja, as figuras dos sonhos personificam algum aspecto da

"Havia uma janelinha, na qual estava a mulher selvagem. Ela estava lá desde 1928. Era tão selvagem que não podia parar quieta. Mexia os braços e as pernas, os cabelos eram desgrenhados. Não dava para ver o rosto. Alguém foi falar com ela e ela lhe enfiou uma faca na garganta."

Uma dona-de-casa inglesa

"Tive um sonho ruim com um homem que era cruel comigo, ou me atacava, era alguém que eu conhecia. Encontrei-o na rua e tive vontade de lhe dar um murro na cara."

Um contador canadense

nossa personalidade global. Jung delineou quatro dessas figuras e deu-lhes os nomes de sombra, anima, animus e Self. Vejamos primeiro a sombra.

Sombra é o nome que em geral usamos para pessoas do mesmo sexo do sonhador que aparecem em seus sonhos. Essa figura comumente apresenta qualidades ligeiramente inferiores ou opostas ao ego do sonhador. Ela pode personificar nosso lado inferior – nosso melhor inimigo, por assim dizer – mas também pode ser apenas nosso outro lado. Uma bela dupla de ego e sombra, por exemplo, é Dom Quixote e Sancho Pança. Um é irrealista e cheio de fantasias, o outro vive no corpo e tem os pés no chão. Um não pode viver sem o outro. Eles são um exemplo típico do ego e sua sombra numa de suas mil formas.

"Sonhei que estava indo a um show do David Bowie e que estava decidido a encontrá-lo. O show começa e ele canta uma música chamada "Move on, Move on". Chega o intervalo, o palco está vazio e aparece um guindaste. O enorme gancho balança, me pega, me ergue e me joga no palco. Sinto que estou caindo, caindo, caindo e percebo que atrapalhei tudo. Acordo num incrível estado de pânico, percebendo que perdi uma oportunidade. Perdi algum tipo de chance."

Um psicoterapeuta

Passemos agora às outras figuras do inconsciente: os homens nos sonhos de mulheres e as mulheres nos sonhos de homens, essas figuras que Jung

"Cheguei mesmo a sonhar que eu dançava com Humphrey Bogart quando ele estava nu em pêlo... Que tal esse?"

Uma dona-de-casa inglesa

"Tinha um homem à minha frente e percebi que ao lado dele havia uma enorme salsicha preta."

Uma escritora

"Ah, eu sonho com a Greta Garbo. Durante muito tempo fui louco por ela."

Um professor

"O Woody Allen estava sentado à mesa bem na minha frente! Ele dava uma risadinha cúmplice e me convidava para dançar!"

Uma estudante

"Daí eu comecei a acariciá-la e enfiei a mão na parte de baixo do biquini dela. Eu passava a mão e acariciava e, de repente, ela disse: 'Quero que você faça amor comigo.' "

Um executivo canadense

denominou anima e animus. A psicologia analítica sustenta que psicologicamente o homem tem uma mulher interior, e vice-versa. Muita gente tem dificuldade para aceitar esse conceito.

Bem, sabemos que nascemos de genes e que a predominância de genes masculinos ou femininos é que determina o sexo de um bebê. Há inclusive criaturas andróginas, quando a natureza não se decidiu por um dos sexos. O homem possui, por assim dizer, um esboço de feminilidade (seios e mamilos) e a mulher um esboço de masculinidade (clitóris).

O mesmo vale para a psique. Não apenas nosso corpo é predominantemente masculino ou feminino, embora contendo em si o elemento oposto, mas também nossa psique é predominantemente masculina ou feminina, contendo em si o oposto. Nossa natureza contrassexual é personificada nos sonhos como uma figura do sexo oposto ao nosso.

Como se manifesta o lado feminino de um homem?

De modo tipicamente feminino. Negativamente, como passividade e mau humor. Em alguns homens como vaidade, uma absoluta vaidade feminina, ou como uma espécie de casmurrice melindrosa. Positivamente, a feminilidade de um homem permite-lhe ser receptivo, capaz de ouvir e esperar em vez de ter sempre que falar e passar para a ação imediata.

E a masculinidade numa mulher?

Isso é muito visível hoje em dia. Negativamente, essa masculinidade aparece em certas ações e comentários brutais, numa certa afoiteza e mordacidade. Mas essa ainda não é a pior forma de masculinidade da mulher. Até mesmo uma mulher muito feminina pode ter uma masculinidade secreta sob a forma de uma surda teimosia que nada consegue convencer. Ela aperta os lábios e por dentro diz: "Você pode dizer o que quiser, mas eu sei o que quero e isso eu vou conseguir". Positivamente, a masculinidade de uma mulher é a capacidade de ter coragem, de desenvolver o intelecto e a espiritualidade.

Já falamos brevemente sobre as figuras oníricas do mesmo sexo que o sonhador, a sombra, e sobre as de sexo oposto, a anima e o animus. Para completar o mapa do mundo dos sonhos, poderíamos examinar a figura que Jung disse estar localizada no centro da psique, o Self?

Em quase todos os sistemas religiosos há uma alusão a um centro divino do qual provêm a ordem e a organização. Esse centro aparece nos sonhos às vezes como um centro mesmo, como mandala, cidade interior, círculo, quadrado ou outra formação abstrata. Ou então, como criança divina salvadora ou outra figura redentora, como velho ou velha sábios, ou como psicopompo – alguém que guia nossa vida psíquica.

Todas essas figuras parecem apontar para aquele centro da nossa psique, em última análise desconhecido e incognoscível. Para Jung, o Self, escrito com maiúscula, significa aquele centro supra-ordenado, interior e divino da psique que devemos explorar pela vida afora. Não sabemos o que o Self é em nós, nem o que ele quer. Para isso precisamos dos sonhos. Podemos dizer que os sonhos são cartas que o Self nos escreve a cada noite, dizendo-nos para fazer um pouco mais disso, um pouco mais daquilo, ir para um lado, ou para outro. Encarando a vida como um todo, vemos que há um padrão, como se o Self tivesse um plano para nós, uma espécie de destino.

Há um perigo, porém: confundir o "Self", no sentido que Jung dava a esse termo, e aquilo que se entende por auto-realização em boa parte da literatura psicológica, quando o que se tem em mente é construir uma sólida consciência do ego. Esse aspecto sem dúvida é importante, especialmente na primeira metade da vida, mas nada tem a ver com o conceito de Self para Jung, que não é auto-realização no sentido corrente. Ao contrário, trata-se da aventura de encontrar, dentro de si, um centro interior mais forte que o ego.

O que acontece quando uma pessoa não vive em harmonia com o Self? Como ficam a sua energia, os sentimentos não expressos, ou o potencial não realizado?

São essas as fontes daquilo que denominamos neurose, ou sintomas neuróticos. Atualmente, o sintoma neurótico mais generalizado é a inquietação. Ainda não se encara isso como sendo neurose porque todos são inquietos; mas na verdade é. A inquietação é causada por um excedente de energia presa que nos deixa num estado de permanente agitação porque não estamos conectados com o mundo dos sonhos ou com o inconsciente. Ou então essa energia assume a forma de uma ansiedade generalizada, um medo de que algo negativo sempre pode ocorrer. A qualquer minuto. A pessoa fica ansiosa o tempo todo, acerca de nada. Esses sintomas resultam de uma falta de percepção de que há energia represada no inconsciente, energia essa que não exploramos e não integramos na consciência. Irritabilidade, agressividade, supersexualidade ou sensação de total vazio e falta de sentido – todos os sintomas de diferentes doenças neuróticas provêm daquela inquietação. Podemos portanto dizer que quem não estiver adequadamente ligado à sua própria vida onírica correrá o risco de desenvolver algum tipo de comportamento neurótico.

Poderia nos falar um pouco mais sobre o padrão geral dos sonhos? Como esse padrão se desenvolve no decorrer de uma vida?

Na primeira metade da vida, os sonhos se referem mais a uma adaptação dinâmica à vida exterior, terrena, material; na segunda, em geral, começam a dirigir a pessoa a recolher-se e a desenvolver uma certa sabedoria e *insight* sobre o que está por trás da vida aparente. Os últimos sonhos de pessoas à beira da morte são claramente uma preparação. Mas em última instância não podemos compreender esse padrão.

Psicologicamente falando, não sabemos de onde viemos e para onde vamos. Somos parte desse mistério cósmico que é a existência da natureza e de todas as coisas. Não sabemos por que há galáxias e estrelas; não sabemos por que há um universo, mas estamos começando a perceber que existem certos padrões dominantes na matéria. Há uma força diretriz; não se trata de um fenômeno caótico ou casual. Analogamente, parece que essa vida psíquica interior é também organizada por um padrão dominante, ela tem um centro.

Ao atingir a idade avançada, as pessoas tendem a refletir sobre a vida, repassando os eventos marcantes e os sonhos que tiveram, em geral percebendo um certo padrão. Problemas que se colocam e se resolvem, transformando-se depois em novos problemas. Parece haver uma organização secreta, cujo centro é o que os místicos chamam de centelha divina ou imagem de Deus em nós. Os budistas diriam que é a mente-Buda, ou diriam mesmo que é o Self. O hindu diria que esse centro é o Atman, o Atman universal e pessoal na psique humana.

Poderíamos concluir com aquele impressionante sonho de Jung, no qual ele encontra o Self sob a forma de um iogue. Jung sonhou que andava por um caminho e encontrou uma capela. Logo que entrou, surpreendeu-se ao perceber que no altar não havia uma estátua da Virgem, nem um crucifixo, mas apenas um belo arranjo floral. Então ele viu, sentado em posição de lótus diante do altar, um iogue em meditação profunda.

Jung ficou chocado e percebeu que este era o iogue que o imaginava; que num estado de transe, uma espécie de imaginação ativa, ele imaginava ou sonhava a vida de Jung. Jung sabia que quando o iogue acordasse, ele, Jung, não existiria mais. O professor Jung da vida diária era o sonho daquela figura interna superior.

E, no entanto, a figura do iogue era ao mesmo tempo um sonho de Jung. Esse paradoxo me lembra o sonho de Ch'uang T'se.

Ch'uang T'se dizia que certa vez ele sonhou que era uma borboleta. A partir desse sonho, ele nunca mais parou de refletir se ele era um homem que sonhou que era uma borboleta, ou o contrário. A verdade é que não podemos resolver o enigma. A borboleta é um símbolo do Self. Somos o sonho do Self, ou será o Self nosso sonho? Simplesmente não sabemos.

Capítulo 3

A Estrutura dos Sonhos

Uma menina de seis anos sonhou que estava com a avó. No sonho ela disse: "Vovó, eu consigo desaparecer!"

"Bobagem, menina", respondeu a avó. "Ninguém é capaz disso."

Nesse ponto a menina acordou, sentou-se na cama, correu os olhos pelo quarto escuro, deitou-se e novamente adormeceu.

Como às vezes acontece, ela retomou o mesmo sonho. A avó, no sonho, olhou para ela e disse: "Meu Deus do céu, como é que você conseguiu?"

Cada sonho que temos, dentre milhares no decorrer da nossa vida, é único. Uns são diretos, outros mais complexos, mas todos os sonhos são espontâneos e imprevisíveis. É portanto surpreendente observar que muitos deles têm uma estrutura identificável, um arcabouço a partir do qual se organizam. Ao traçarmos o contorno dessa estrutura, o fluxo aleatório de imagens e eventos começa a ir para o lugar.

“Eu me interesso pela minha vida e creio que os sonhos a revelam para mim.”

Uma senhora, num mercado de Londres

“Provavelmente os sonhos refletem algo da realidade da vida cotidiana, entende? Mas não sei bem o quê.”

Um arquiteto canadense

“Nos sonhos você pode imaginar e fazer coisas que não dá para fazer na vida real.”

Uma adolescente francesa

“Nos meus sonhos eu me lembro que há elementos de pensamentos que tive durante o dia arranjados de maneira diferente da que de fato ocorreu.”

Uma advogada

“Lembro-me dos meus sonhos. Às vezes eles me dizem o que vai acontecer... ou aquilo que aconteceu durante o dia aparece alterado à noite, e os sonhos contam do jeito que eu gostaria que tivesse sido.”

Uma vendedora inglesa

“Costumo voar. É uma coisa da mente. É só pensar em ir embora e vou. Muitas vezes escrevo meus sonhos. Eles predizem o futuro ou me dizem como me sinto... sem a menor dúvida. Se algo pesa sobre mim... Não posso me mexer quando as coisas pesam sobre mim, senão serei esmagado por rochas ou certos objetos estranhos que pesam sobre minha cabeça ou meus ombros.”

Artista de rua, “O homem papagaio”, Califórnia

Dra. von Franz, até que ponto a interpretação dos sonhos é um trabalho científico, e até que ponto é uma arte?

Creio que um pouco de cada. Há certas regras elementares e muito úteis, puramente técnicas ou científicas, que podem ser aplicadas. Sempre recorro a elas quando não compreendo um sonho e então pergunto: "Qual é a exposição do sonho, qual é o cenário, qual é a associação?" A técnica pode nos levar longe. Mas há, é claro, um tipo de aptidão desenvolvida com a prática, que não se pode transmitir para o principiante. Um carpinteiro velho pode mostrar a um novo como usar as ferramentas, tomar medidas ou cortar madeira, mas há um certo toque com a madeira que ele não pode comunicar. O aprendiz precisa trabalhar vinte anos com madeira para adquirir aquele toque.

> "Bem, eles me dão uma sensação diferente, entende? Eles são emocionais, são mesmo, mas eu não consigo, entende? Não sei como é que eles funcionam."
>
> *Um executivo americano*

Depois de muito trabalho de interpretação e de quebrar a cabeça acaba-se pegando o jeito e desenvolve-se uma habilidade profissional que tem

> "Acho que são engraçados. Gosto de analisar sonhos. Não que eu saiba, ou que entenda o que eles querem dizer... mas é divertido tentar descobrir o significado."
>
> *Uma jovem secretária*

a ver com sentimento, um sentimento mediúnico, uma empatia com a outra pessoa.

Existe uma técnica para descobrir o significado de um sonho?

Temos uma técnica na psicologia junguiana. Comparamos o sonho a um drama e o examinamos sob três aspectos estruturais: primeiro, a introdução ou exposição – o cenário do sonho e a colocação do problema; segundo, a peripécia – o desenrolar da história; e finalmente, a *lysis* – a solução final, ou talvez a catástrofe. Quando não compreendo um sonho, uso esse esquema e me coloco a questão: "Muito bem, qual é a introdução?"

> "Eu podia voar e atravessar o telhado! Subia até as nuvens e..."
>
> *Uma aeromoça*

A primeira sentença de um sonho em geral descreve a cena da ação e apresenta os protagonistas. Por exemplo, um sonho pode começar da seguinte forma: "Estou na casa da minha infância com meu amigo Bob." Toma-se essa primeira sentença e pergunta-se ao sonhador quais são as suas associações: "Como era essa casa? Como você se sentia lá? Você era feliz? Quanto tempo viveu lá?" Em seguida, pergunta-se sobre o amigo: "Como é esse seu amigo Bob? O que faziam?... Ah, sei, ele era um chato, mas vocês faziam molecagens juntos." Então, essas *associações* são inseridas no texto, que fica assim: "Psicologicamente ainda estou em minha situação infantil e com uma parte de mim que é chata mas também travessa."

> "Caminho sozinha sobre a neve, que está bem alta. À minha direita há uma cerca elevada. Vou acompanhando a cerca e pensando: "Se acontecer alguma violência, o que vou fazer?"
>
> *Uma atriz canadense*

A partir dessa tradução deve-se obviamente examinar de que forma se aplicar ao momento em que o sonho ocorreu e à vida do sonhador. Em que sentido ele ainda está com um pé na casa da infância? Em que aspecto de sua situação de vida ainda reage como quando era menino? Presume-se então que o sonho fala a respeito daquele pedaço da personalidade dele.

O passo seguinte é *nomear o problema*. Digamos que aparece um carro, e dele saem dois ladrões. Temos agora um desenvolvimento dramático, o que significa que uma história específica está sendo contada. Esses dois homens seriam uma invasão, algo que força a entrada. Os ladrões em geral representam algo que entra no sistema consciente. O sonho teria então a seguinte tradução: "Naquele canto de sua psique, onde o sonhador ainda tem reações infantis, algo do inconsciente coletivo está entrando."

Dessa forma, vamos aos poucos cobrindo o sonho inteiro. O fim do sonho, ou *lysis*, é o objetivo: uma solução, ou uma catástrofe. Eu conheço tão bem essas regras de interpretação que as aplico meio inconscientemente. Mas sempre presto muita atenção à última sentença do sonho, que oferece a solução inconsciente – no caso de haver solução no momento. Alguns sonhos acabam sem levar a nada – esses não são favoráveis e isso quer dizer que o próprio inconsciente não tem solução. Fora esse caso, porém, o que quer que aconteça no fim do sonho é a solução. Se alguém acorda com um grito, por exemplo, essa é a solução – aquilo que choca e desperta. O final do sonho contém o aspecto que deve ser conscientizado; por isso, sempre pergunto como termina o sonho.

> "Eu estava no salão de uma aldeia organizando um concerto ou algo do gênero com meu marido..."
>
> *Uma dona-de-casa inglesa*

Se alguém quiser interpretar o próprio sonho, o melhor é escrevê-lo numa folha de papel e anotar as associações a cada palavra do sonho, ou seja, aquilo que vem à mente de forma espontânea. Em seguida, deve-se observar se há uma conexão entre o sonho e as associações.

Por exemplo, se a primeira sentença diz: "Estou na casa da minha infância", aquele aspecto em que ainda sou infantil, e "aparece um ladrão", ou seja, algo está invadindo, deve-se perguntar: "O que é isso? Por que algo invade meu sistema psicológico?". É preciso, então, pensar no dia an-

"Bem, antes de mais nada quero dizer que sou um cara muito bem casado. Minha mulher, no momento, encontra-se no Arizona com nosso filho visitando os parentes e não sei por que esta noite tive esse sonho. Sonhei que estava num baile de estudantes com uma das garotas que trabalha aqui. Bem, não havia nada de *lascível* no sonho, mas tenho uma pequena sensação de culpa por ficar com outra mulher enquanto a minha está viajando. Deve ser uma conseqüência natural. Na verdade, hoje de manhã até contei para essa garota, queria aliviar qualquer culpa que eu pudesse sentir."

O superintendente do Parque Estadual, Havaí

terior e no que aconteceu externa ou internamente. Pode ser que os ladrões se refiram a alguma experiência desagradável, ou a um pensamento negativo: algo destrutivo que, de repente, invade o sistema. Torna-se possível, assim, estabelecer uma conexão significativa e dizer: "Ah, o sonho se refere àquele pensamento que tive ontem, ou àquela experiência, e ele indica que agi de modo adequado, ou não." O sonho corrige nossas atitudes.

E alguns sonhos são muito mais explícitos que outros.

Esse seria o método de lidar com sonhos através de associações pessoais. Mas há também sonhos que não suscitam associações.

São os assim chamados sonhos arquetípicos, que têm um significado mitológico e aos quais em geral as pessoas não associam nada. Se perguntarmos: "O que você pensa sobre Júpiter?", a resposta será: "Ora, Júpiter é um planeta." Não se sabe o que associar e nada de pessoal vem à mente. Nesse caso, recorre-se às associações da humanidade. "Quais as fantasias da humanidade a respeito de Júpiter?" Coloca-se então a resposta a essa pergunta no texto do sonho.

A senhora disse que cada elemento de um sonho representa um aspecto da psique do sonhador. Há, porém, sonhos que refletem a realidade exterior. Por exemplo, alguém pode sonhar que certa pessoa morreu e depois ficar sabendo que de fato isso ocorreu. Como saber se um sonho se refere à realidade exterior ou interior? Se, por exemplo, um homem sonha que sua mulher está lhe roubando o carro, como determinar se o sonho se refere a um problema externo na sua relação conjugal ou algo interior?

Esse é o problema mais escorregadio de todos. O sonhador em geral pensa: "Está vendo! É isso o que ela faz. Ela tem mania de cortar meus movimentos. Ela sempre interfere." E fica-se na dúvida. Por outro lado, o sonho poderia indicar uma projeção, ou seja, seu lado feminino rouba o carro e ele projeta isso sobre a mulher. Ele vê o problema na mulher e acredita que ela é a responsável, quando na verdade ele é o autor inconsciente daquele resultado.

Para poder interpretar corretamente esse sonho seria preciso conhecer bem a situação conjugal e ter alguma idéia do comportamento objetivo da esposa. Só assim poder-se-á avaliar se o sonho indica uma projeção, ou se realmente se refere à esposa. Às vezes, o sonho abrange as duas coisas. O problema é decidir se ele deve ser interpretado objetiva ou subjetivamente: no primeiro caso, com referência ao objeto externo, a mulher de fato rouba o carro; subjetivamente, com referência ao sujeito, o lado feminino do sujeito rouba o carro, com a mão esquerda, por assim dizer. Em geral, eu diria que cerca de 85% dos temas oníricos são subjetivos; recomendo, portanto, a interpretação subjetiva da maioria dos sonhos. Deve-se sempre partir da pergunta: "O que em mim faz isso?", em vez de tomar o sonho como um aviso contra terceiros.

Falamos com várias pessoas na rua que davam importância a seus sonhos e tentavam encontrar um sentido neles.

"Sonhei que estava numa casa que tinha um lago na frente. Meu pai, minha madrasta e eu estávamos na cama, quando o andar de cima lançou-se para o jardim da frente. Eu caí no jardim mas eles foram parar direto no lago.

Contei o sonho para minha madrasta e ela disse: 'Sim, é muito significativo, gente caindo na cama e na água é algo muito sexual.' Mas o que não lhe contei é que quando ela e meu pai caíram na água eles estavam fazendo amor, e que eu não tinha caído na água. Não consegui entrar no mar da vida, ou algo do gênero."

Uma estudante canadense

Por que é tão difícil interpretar os próprios sonhos? Conheço analistas que há anos vêm interpretando sonhos alheios e que não conseguem interpretar seus próprios sonhos.

É porque o sonho nunca diz o que você já sabe. Ele indica algo desconhecido, um ponto cego. É como tentar olhar para as costas. Você pode mostrá-las para o médico, que examinará como estão, mas não pode vê-las. O ponto cego é como as costas ou o traseiro, digamos assim, você se senta sobre ele mas não consegue vê-lo. Por essa razão, mesmo que o sonho diga coisas óbvias você às vezes não as enxerga. É preciso que outra pessoa lhe diga e aí você pensa: "Oh Deus, claro, é isso mesmo!"

> "Eu estava voando. Apenas voando, sem ir para lugar algum, entende? Era como ficar indo, indo, sem chegar a nada. Dava medo. Cheguei no trabalho e contei para as colegas. Arrumei um livro de sonhos para descobrir o que significa mas não encontrei nada."
>
> *Uma assistente de vendas*

É muito difícil interpretar os próprios sonhos. Quem for obrigado a fazê-lo terá de se arranjar; mas poder contar com a visão de outra pessoa é de grande valia, mesmo que esta não entenda de sonhos. Pois ao contar o sonho pode ocorrer que o significado se revele. Como Jung não tinha quem interpretasse seus sonhos, costumava contá-los a um homem que nada entendia do assunto. Ele comentava sorrindo que as observações descabidas desse seu interlocutor acabavam por fazê-lo compreender o sonho: "Não é nada disso, mas agora sei o que é."

Muita gente usa dicionários de sonhos para interpretá-los. Esses livros têm algum valor?

> "Sim, sonhei que estava pescando, mas o peixe sempre escapava. O dicionário diz que isso quer dizer gravidez, será?"
>
> *Uma vendedora*

Acho esses livros muito ruins. Eles fornecem uma interpretação estática, o que desvia do rumo certo. Uma cobra quer dizer doença, ou a morte de um parente; perder um dente é perder os pais, ou seja lá o que for. Há dicionários modernos um pouco mais diferenciados, mas eles também lidam com significados fixos.

O simbolismo onírico, na nossa experiência, é muito mais individual. É preciso conhecer as associações individuais. O que conta é o que o símbolo significa para o sonhador e as experiências que este teve com o símbolo. Você pode se inspirar consultando um desses dicionários e ver todas as possibilidades – os significados possíveis da cobra, ou do pavão – mas aí tem que voltar ao sonho e perguntar: "O que isso significa para o sonhador?", e isso sempre é muito mais específico.

A senhora usa algum outro recurso em seu trabalho analítico?

Eu trabalho basicamente com sonhos. Segundo nosso modo de pensar, trabalhamos com sonhos porque eles provêm de um indivíduo e são algo exclusivo daquela pessoa.

O grande perigo de todas as profissões terapêuticas é o potencial de interferir na vida do outro. Vejamos, por exemplo, a idéia do que é normal. Um terapeuta pode ter uma certa concepção de normalidade e achar que o outro deveria tornar-se normal. Isso é uma interferência, uma atitude de poder. Talvez o destino, ou Deus, ou o nome que se dê aos grandes poderes que regem a vida não queiram que essa pessoa seja normal. Como pode então o terapeuta saber que esse paciente tem que ser normal? As idéias burguesas do terapeuta a respeito de normalidade não podem ser impingidas a um pobre ser humano destinado a ser uma pessoa diferente.

Quando alguém o procura com um problema, você, para ser honesto, deve dizer: "Não tenho a menor idéia sobre a origem desse problema." Qualquer idéia que tenha sobre o paciente não passa de um preconceito. Na verdade, você deve dizer: "Não sei por que você tem um problema psicológico e nem mesmo sei o que é esse problema." Não podemos conhecer o destino de um ser humano. Algum tempo atrás, fui consultada sobre os sonhos de uma menina de sete anos que, na verdade, eram sonhos de alguém prestes a morrer. Ela, de fato, foi submetida a uma cirurgia de câncer e provavelmente morrerá em dois ou três anos. Eu não tinha essas informações quando examinei os sonhos. Eram sonhos incomuns, sonhos de uma personalidade velha e sábia. Fica claro então que não se pode ter teorias a respeito de como deve ser uma vida. Os sonhos são a única coisa que emana do próprio paciente; se tentarmos compreendê-los com o mínimo de preconceitos poderemos descobrir o que o nível psíquico mais profundo daquela pessoa tem a lhe dizer sobre si mesma. Nós, psicoterapeutas, somos apenas os tradutores dos sonhos.

A análise resume-se a dizer a um homem demasiadamente juvenil: "Sua própria profundidade psíquica acha que você é juvenil demais, e que isso é prejudicial à sua saúde." Não se trata de uma opinião minha, é o que extraímos do sonho desse homem. Isso surte efeito, porque o paciente sente que não se trata de uma opinião do analista. Quando interpretado corretamente, o sonho *bate* com algo e o analisando pode dizer: "Sim, é isso aí." Ele fica impressionado, e isso pode motivá-lo a mudar sua vida. Mas se você simplesmente o aconselha: "Ouça, você está se comportando como um adolescente e isso não é bom para a sua saúde psíquica", ele não ouvirá, porque já lhe disseram isso antes. Esse é o ponto: se é o próprio sonho que ironiza seu comportamento há mais probabilidades de ele de fato alterá-lo. Posso dizer que no caso real de um homem demasiadamente juvenil ele enrubesceu, o que mostra que a mensagem do sonho atingiu o alvo.

Assim, em nossa linha de trabalho, seguimos os sonhos. Trabalhamos com o paciente para descobrir o significado e deixamos a coisa aí. Dessa forma, o paciente não se sente preso na camisa de força do conceito do analista sobre normalidade ou adaptação. Ele segue suas intimações interiores, aquilo que sua própria psique lhe diz. Portanto, a análise consiste em educar as pessoas a conseguir ouvir sua voz interior e a segui-la com o auxílio dos sonhos.

Capítulo 4

O Símbolo Vivo

Os símbolos são a linguagem dos sonhos. Nos sonhos, o inconsciente é revelado através de símbolos. A chave para a compreensão de um sonho é o conhecimento do símbolo.

Durante o sono (quando estamos inconscientes), as experiências que temos nos sonhos – voar, cair, matar – fazem sentido. Mais tarde, quando recordamos o sonho, tudo aquilo parece louco, estranho, sem sentido. Nossa mente consciente não consegue compreender o símbolo.

Na linguagem coloquial, usamos com freqüência expressões simbólicas para descrever aspectos da personalidade. Por exemplo, dizemos que alguém muito inflado a respeito da própria capacidade vai "cair das alturas", ou que "está com a cabeça nas nuvens", ou que "precisa pôr os pés no chão" – expressões simbólicas que racionalmente não fazem sentido algum. Nos sonhos o símbolo vive. A pessoa de fato voa e sente as sensações do vôo.

"Costumo sonhar que estou voando, o que é muito divertido. Mas, de repente, me ocorre que é um tanto ridículo estar de fato voando."

Estudante inglês

"Já voei nos meus sonhos. É uma boa, certo? É uma ótima. Saca, quando você está lá em cima, você está na sua e não há ninguém por perto... só as nuvens."

Um mecânico de automóveis

"Começo a correr cada vez mais depressa. Não uso muito os braços. O único ponto de apoio é o meu próprio corpo. Bato os braços um pouco, vou dando pulos cada vez mais altos e no fim estou voando."

Técnico de som inglês

Pouco antes de morrer, em 1961, C.G. Jung explicou a relação entre a linguagem simbólica e o inconsciente no livro O homem e seus símbolos:

> O homem usa a palavra escrita ou falada para exprimir o sentido daquilo que quer dizer. Sua linguagem é cheia de símbolos, mas ele costuma empregar signos ou imagens não necessariamente descritivos. Alguns não passam de abreviaturas ou siglas, como ONU, UNICEF ou UNESCO; outros são marcas conhecidas, nomes de remédios, emblemas ou insígnias. Essas palavras, que em si não dizem nada, adquirem sentido através do uso comum e intencional. Essas coisas não são símbolos mas signos, que apenas denotam os objetos aos quais correspondem.
>
> O que denominamos símbolo é um termo, um nome ou até mesmo uma imagem talvez familiar na vida cotidiana, mas com uma conotação específica além do sentido óbvio e convencional. O símbolo sugere algo vago, desconhecido e oculto. ...Por exemplo, tome-se o caso do hindu que, retornando de uma visita à Inglaterra, contou a seus amigos que os ingleses cultuam animais, pois ele viu águias, leões e touros em velhas igrejas. Ele não sabia que esses animais são símbolos dos Evangelistas, provenientes da visão de Ezequiel, nem que são análogos ao deus egípcio Hórus e seus quatro filhos. Há objetos como a roda e a cruz, conhecidos no mundo todo, que em certas circunstâncias adquirem um significado simbólico. ...Assim, uma palavra ou imagem é simbólica quando implica algo além do seu sentido óbvio e imediato, adquirindo um aspecto "inconsciente" mais amplo nunca definido com precisão nem totalmente explicado – que tampouco se poderia definir ou explicar. ...Como há muitas coisas além dos limites da compreensão humana, usamos termos simbólicos para representar conceitos que não podemos definir ou compreender por completo. Essa é uma das razões pelas quais todas as religiões empregam linguagem ou imagens simbólicas. Mas esse uso consciente de símbolos é apenas um aspecto de um fato psicológico de grande importância: o homem também produz símbolos inconsciente e espontaneamente, sob a forma de sonhos.

Dra. von Franz, "cair" é um tema onírico bastante comum. Todos nós já caímos em sonho. Qual o sentido simbólico dessa imagem? É verdade que morremos se num sonho atingimos o chão?

Já sonhei que caía e não morri; algo aparou a queda ou então acordei antes de tocar o solo.

“Eu estava numa campina verdejante e me sentia muito feliz. Esse sentimento mudou aos poucos e fiquei irritada e nervosa. Isso foi aumentando. Então entrei num estado de pânico e de medo – estava apavorada! Ao lado do meu pé esquerdo havia uma cobra. Uma coisa horrorosa, com dentes humanos. Eu sabia que ela iria me fazer algum mal.”

Uma senhora inglesa

“Tive um sonho muito ruim com uma cobra, fiquei com medo de que fosse morrer, entende, porque tenho pavor de cobras. Quando acordei estava todo suado. Eu suava frio e senti um alívio porque não era verdade.”

Homem de negócios argentino, em Paris

“Sonhei que estava numa espécie de prédio, com outras pessoas, e nos debruçávamos sobre o beiral. Apoiávamos os pés na calha, mas esta quebrou e eu caí. Não sei o que aconteceu com os outros, mas eu caía.”

Guarda de segurança, Londres

“Eis aqui meu sonho. Eu me mudei para uma casa em Montreal que tinha uma escadaria branca. Por três noites seguidas eu despencava dessa escada gritando, e a coisa não acabava nunca. Era horrível.”

Dona-de-casa de Montreal

“Sonhei que estava guiando uma moto numa rua pavimentada com pedras. A rua acabava e eu caía. Era horrível! Mas eu nunca batia no chão, o que é bom. Você morre quando bate no chão.”

Uma senhora num mercado de Londres

“Sim, eu sonho com cobras... se você for ver, parece que quer dizer inimigos.”

Uma assistente de loja, Toronto

Mas há uma superstição de que se a pessoa bater no chão ela morrerá.

Não, não, não. Isso quer dizer apenas uma colisão com a realidade. Se você sonha que está caindo é porque em algum sentido você está elevado demais. Talvez tenha uma opinião alta demais a seu próprio respeito, ou idéias românticas e irreais, ou então você vive num mundo de faz-de-conta, ou numa teoria. De algum modo, você não está em contato com a realidade. Os sonhos de queda brusca em geral coincidem com fortes desapontamentos exteriores, quando subitamente nos vemos frente à realidade tal qual ela é – o que pode ser um choque mortal para o ego. Pode-se, por assim dizer, ficar anulado por um certo tempo. O ego se apaga e não tem nada a dizer. Isso é que é morrer por atingir o chão.

Lembro-me de um sonho em que levei um tiro no coração e morri. Mesmo assim, meu assassino deu mais quatro tiros. Cada bala me matava de novo. Lembro-me de que no sonho mesmo eu pensava que era desnecessário ele continuar, pois eu já estava morto. Ele havia me matado no primeiro tiro. O que quer dizer isso, quando o sonhador morre ou é assassinado num sonho?

Isso quer dizer que a atitude do ego, como se configura naquele momento, deve desaparecer. Tive muitos sonhos nos quais eu era oficialmente executada, em geral, por decapitação. Nitidamente, eles diziam que a cabeça tinha que ceder, que alguma atitude intelectual devia ser sacrificada. Mas se você leva um tiro, sendo atingido por algo, é porque precisa de um choque para acordar. A morte do sonhador significa uma mudança radical, não restando nada da velha pessoa ou da velha atitude. Assim, se você sonha que é assassinado, que leva um tiro ou é enforcado, ou seja lá qual for o tipo de morte, isso sempre indica que uma mudança radical está próxima.

Em vez de discutirmos o significado de temas separados, poderíamos abordar essa questão dos símbolos examinando um só em profundidade e então demonstrar como esse símbolo expressa o inconsciente num sonho real. Poderíamos tomar um dos símbolos centrais da nossa cultura, a estrela. Que aspecto da psique a humanidade projetou nas estrelas, tornando-as simbólicas?

O mundo das estrelas sempre foi encarado como um mundo de seres divinos e eternos. Por isso, em várias partes do mundo ocorre uma tradição folclórica segundo a qual o aparecimento de uma estrela cadente corresponde ao momento em que a alma desce à Terra e uma criança nasce. Na China e no antigo Império Romano, quando morria uma pessoa notável os astrólogos procuravam uma nova estrela no céu, acreditando que a alma do moribundo voltaria para o céu e novamente tornar-se-ia uma estrela.

Além disso, no ritual fúnebre dos egípcios há uma prece que diz: "Que eu me torne uma das estrelas perenes que circulam o Pólo Norte." A meta do falecido era tornar-se uma estrela que nunca se põe.

No Egito, ainda, a parte espiritual e imortal da psique era representada pela "Bá", que nascia como pássaro ou estrela. A "Bá" simbolizava aquela parte da personalidade que sobrevive à morte e acompanha o deus Sol pelo céu como estrela permanente. Assim a estrela tem a ver com a eternidade do aspecto único da personalidade. É isso que foi projetado na estrela.

> "Esse é um daqueles raros sonhos nos quais uma voz masculina, dotada de muita autoridade, me dizia com muita clareza o que eu devia fazer. A voz dizia: 'Esta é a sua estrela-guia.' "
>
> *Uma mulher*

A estrela de Belém teria o mesmo significado simbólico?

Ela se encaixa perfeitamente em nosso contexto; quer dizer, quando uma personalidade extraordinária nasce, uma estrela nova e brilhante aparece no céu. Foi dessa forma que os três Reis Magos a interpretaram de imediato. Quando viram a estrela de Belém ficaram sabendo que uma personalidade importante havia nascido e por isso foram ver a criança. Isso combinava com a concepção geral da época. Uma nova estrela significava que alguém em algum lugar – um imperador, um grande governante, ou uma nova personalidade que mudaria o destino da humanidade – tinha chegado à Terra.

Poderíamos agora examinar um sonho no qual a estrela é a imagem central. O sonho faz parte da Épica de Gilgamesh *e é um dos mais antigos sonhos documentados de que se tem notícia. Gilgamesh, rei de uma cidade murada da Suméria chamada Uruk, era um poderoso soberano do mundo antigo e seu sonho foi considerado importante o bastante para ser gravado na pedra. Eis o sonho do Rei Gilgamesh:*

> "No meio da noite, eu caminhava com orgulho por entre meu povo. O céu estava cheio de estrelas. De repente, uma das estrelas do deus celestial Anu caiu sobre mim. Tentei reerguê-la, mas era pesada demais para mim. Toda Uruk reuniu-se ao redor da estrela, e o povo beijava seus pés."

Esse sonho tem cerca de 4.600 anos. Ainda hoje encontramos paralelos modernos, pois a linguagem do inconsciente mudou muito menos do que a da consciência. Interpretando esse sonho de um ponto de vista moderno, poderíamos dizer que até o momento em que a estrela caiu sobre Gilgamesh ele desempenhava o papel coletivo de rei – era o rei-herói. Ele é o homem típico que com ambição e sucesso segue um padrão coletivo. Na realidade, poderia ser um grande político ou um astro do cinema – um homem que trilhou certos caminhos coletivos e atingiu um alvo. De um prisma interior, uma pessoa desse tipo reage de modo bastante coletivo, desempenhando um papel coletivo de poder. Pessoas assim, em geral, não são muito individuais.

A estrela, por outro lado, representa o que há de único nele – cada alma tem uma estrela no céu. Podemos dizer que, até o aparecimento da estrela, Gilgamesh, com todas as suas realizações coletivas de poder, não havia feito nada de único. Pelo contrário, apenas cumprira o padrão típico de um rei-herói. Nesse ponto, provavelmente por volta da metade da vida (porque é então que isso costuma acontecer), algo muda.

Enquanto ele caminha por entre os súditos, orgulhoso de sua própria condição de poder, uma estrela cai do céu sobre suas costas. A estrela acaba sendo um pesado fardo. É esse o momento em que seu destino se abate sobre ele, literalmente caindo-lhe nas costas. Isso quer dizer que, assim como Cristo precisou carregar sua cruz, Gilgamesh agora precisa carregar o fardo de ter que se tornar o indivíduo escolhido e único que devia ser, tarefa esta que evitava sendo um homem coletivo e ambicioso.

Mas a estrela também significa a alma imortal. No Egito, por exemplo, aquela parte do ser humano que sobrevive à morte é a alma Bá, desenhada como uma estrela. É o núcleo eterno da psique e sempre representou o homem eterno e único dentro de nós. Assim, Gilgamesh deve agora seguir seu destino único em vez de desempenhar um papel coletivo – o que revela ser não um chamado glorioso, mas um pesado fardo.

Até a estrela cair sobre ele, Gilgamesh considerava a si mesmo um grande homem. Ele era um rei, um herói, a fortaleza do seu povo. Mas agora ele deve perceber que não é grande coisa. O que o povo cultua é a estrela de pedra, aquele algo maior que há nele, e não seu poder coletivo. No sonho, o povo beija os pés da estrela, não os de Gilgamesh. O povo prostra-se diante da estrela, que é sua verdadeira grandeza. O sonho contém portanto uma pequena lição para Gilgamesh: "Não tome pessoalmente as honrarias e os elogios que o povo lhe faz. É a estrela sobre você que ele cultua. Você tem o dever de tornar-se um indivíduo único. É isso que é cultuado em você, e não sua pessoa. E esse será seu fardo mais pesado." Assim, desse ponto da épica em diante, Gilgamesh torna-se o servo da sua missão heróica e única, a busca da própria imortalidade.

Por que é que tão pouca gente segue sua própria estrela? Por que é ela um fardo tão pesado?

Porque seguir a própria estrela quer dizer isolamento, não saber para onde ir, ter que descobrir um caminho completamente novo para si mesmo em vez de simplesmente seguir o mesmo caminho pisado que todos usam. É por isso que o ser humano sempre teve uma tendência a projetar o aspecto único e a grandeza do seu ser interior sobre personalidades exteriores e a tornar-se seu servo, seu devotado servo, admirador e imitador. É muito mais fácil admirar uma grande personalidade ou tornar-se discípulo ou seguidor de um guru ou profeta religioso, ou admirador de uma grande personalidade oficial – o presidente dos Estados Unidos – ou então viver a vida a serviço de um general que você admira. Isso tudo é muito mais fácil do que seguir a própria estrela.

Que tipo de pessoa atrai a projeção da estrela?

Aquela que nasce com qualidades extraordinárias, como inteligência ou algum outro talento. Essas pessoas superdotadas estão sujeitas a projeções, e a devoção alheia cria nelas uma tentação a desenvolver uma inflação. Ora, inflação é uma superavaliação de si mesmo. Em vez de dizer: "Eu não sou meu talento, eu não sou minha inteligência. Nasci com um bom computador e isso é tudo. Não há mérito algum nisso", essas pessoas tendem a se identificar com seus dons e ficam cheias de si, infladas como um balão. Sempre que alguém tem algum sucesso pode-se observar uma inflação em pequena escala, pois logo em seguida a pessoa adota maneirismos arrogantes e condescendentes. Como é natural, muitos dos que fizeram história eram inflados. Alguns imperadores romanos, por exemplo, sofriam do que se convencionou chamar loucura dos césares.

Inflação é então ter uma opinião irreal a respeito de si mesmo. Mas seria possível não ficar inflado? Será que as pessoas conseguem estimar com alguma precisão seu próprio valor?

Bem, a dificuldade é que por natureza ninguém pode fazer uma avaliação correta do seu próprio valor. Ninguém sabe direito o muito ou o pouco que vale. Quer dizer, pergunte a alguém: "Vamos lá, honestamente, você é uma grande pessoa em comparação com os outros?" Todos acabariam admitindo que não têm a menor idéia. Trata-se de um sentimento subjetivo. Ou a pessoa tem um sentimento de inferioridade e sente que é o último dos vermes, ou então ela tem um complexo de superioridade e se sente eleita, acima da média. A maioria oscila entre os dois pólos. Nos neuróticos isso é mais extremado do que nas pessoas normais, mas todos passam por dias em que se sentem ninguém e dias em que estão no topo do mundo. Essa é a oscilação normal e poder-se-ia dizer que uma personalidade é normal quando a auto-estima se aproxima daquilo que a pessoa é, do que conseguiu realizar, das características do ambiente, etc. Mas trata-se realmente de algo muito indefinido.

Qualquer falta de equilíbrio nesse aspecto, abaixo ou acima do nível certo, provoca uma irritação no ambiente. Para saber se uma pessoa tem uma inflação, basta observar se ele ou ela deixa os outros nervosos. Caso isso se dê, a pessoa em questão está se valorizando um pouco demais, ou então se diminuindo – pois a inflação liga-se a sentimentos de superioridade ou inferioridade. Este último é uma inflação velada. Quem se sente inferior, na verdade, tem ambição e quer ser mais do que é, quer ser grande e sabe que não é. A inferioridade também é uma inflação e portanto irrita.

Às vezes as pessoas dizem: "Bem, a senhora sabe, não consigo. Por que a senhora acha que sim? Não sou capaz, sou burro, não consigo pensar", e assim por diante. Então eu respondo: "Pare com essas bobagens. Faça o que você tem que fazer." Na verdade, essas pessoas estão se exibindo ao se considerarem inferiores e incapazes, o que é muito irritante. Portanto a única coisa que se pode fazer é adotar uma perspectiva extrema – perante Deus, por assim dizer – e concluir que ninguém sabe quem é importante e quem não é.

Falamos sobre o perigo de inflação para a pessoa que atrai a projeção da estrela. Mas o que acontece com a pessoa que projeta sua própria estrela – o Self – sobre outrem?

Vejamos primeiro o lado positivo. Se o Self estiver projetado, cai-se num tremendo estado de admiração pela pessoa sobre quem recaiu a projeção, um incrível fascínio e devoção por aquela pessoa. A vantagem é que se pode aprender algo quando se projeta o Self sobre alguém realmente sábio ou superior. Esse é o segredo de muitas curas milagrosas; as pessoas projetam o Self sobre uma personalidade com poderes terapêuticos e devido a seu fascínio e sua fé são curadas de doenças psicológicas ou psicossomáticas. De modo que essa projeção funciona como um veículo para a cura. O mais comum, porém, é que essa fascinação seja negativa e acabe levando a pessoa a infantilmente abdicar de si mesma e curvar-se perante outrem, cultuando o grande líder, o grande guru espiritual ou seja lá quem for. Com essa projeção a pessoa perde-se e permanece infantil. Quem está nessa situação costuma ser fanático em sua admiração, defendendo o outro dos seus inimigos e usufruindo da glória do seu mestre através de uma identificação. A projeção os poupa de fazerem um esforço próprio.

O grande homem ou a grande mulher farão tudo por eles, e sua tarefa resume-se a aplaudir e admirar. Eles não fazem esforço algum para se tornar mais inteligentes, mais esclarecidos ou independentes. Uma projeção desse tipo acaba aniquilando a personalidade. Naturalmente, isso também depende da pessoa sobre quem recai a projeção do Self. Se esta tiver uma inflação e manipular o poder para incentivar admiradores e seguidores, as conseqüências serão devastadoras. No Oriente há mestres que conhecem muito bem os perigos da dependência infantil e não aceitam a projeção – eles remetem os novatos e discípulos de volta a seu próprio trabalho interior.

A psicologia individual costuma refletir-se na sociedade. O que pode então ocorrer quando todo um grupo coletivamente projeta o Self num único indivíduo?

Bem, nesse caso você tem monarquias ou ditaduras. Os reis de todas as épocas, chegando até o chefe de uma tribo primitiva. São os portadores do símbolo do Self. A vantagem é que essa tribo ou povo tem um símbolo unificador, que agrega as pessoas. Esse tipo de projeção de um símbolo vivo do Self corresponde a uma necessidade profunda do ser humano. É por essa razão que o rei deve ser virtuoso e generoso. Ele deve ostentar todas as qualidades de um homem superior. Se ele de fato as possui ou não é outra questão – espera-se que ao menos ele as exiba. O estudo da história do poder mostra que esse fenômeno atinge níveis profundos. Os membros de tribos primitivas acreditam que o rei, ou aquele a quem chamam chefe, encarna a própria vida da tribo; portanto, caso se torne impotente, ele é morto. Caso contrário, a tribo inteira ficaria impotente e a Terra perderia a fertilidade. O rei é a garantia da vida.

Se adoecer, um chefe primitivo é executado, pois não se pode ter um rei inválido. Ele é o princípio vital, a encarnação do princípio divino e totêmico da tribo – ou seja, um símbolo projetado do Self. E como essa necessidade existe, quando as monarquias foram abolidas ditadores como Napoleão ou Hitler receberam a projeção. Isso indica que as pessoas têm necessidade de projetar o Self sobre alguma figura de liderança. Mas esse gesto é infantil e só ocorre porque queremos permanecer infantis. Não queremos assumir a responsabilidade.

A democracia é uma tarefa difícil, porque atribui responsabilidade política ao indivíduo e a maioria não quer assumi-la. Aqui na Suíça, por exemplo, apenas 25% da população vota. O resto não quer ser incomodado. Esses não querem dor de cabeça – preferem achar que o Estado-pai resolverá as coisas para eles. "Afinal, dizem eles, temos um grupo de líderes, que são figuras paternas, que são o Self, e eles farão tudo certo." Tudo se resume a preguiça mental e psicológica.

Preguiça...?

Quando as pessoas tentam fugir dos seus problemas, você deve em primeiro lugar perguntar se não é por preguiça. Jung certa vez observou: "A preguiça é a grande paixão da humanidade, maior até que o poder, o sexo ou qualquer outra coisa."

Parte 3

Sonhos da nossa Cultura

Capítulo 5

A Escada para o Céu

"Os cristãos costumam perguntar por que Deus não lhes fala, como se crê que fazia no passado. ...Estamos tão emaranhados e cativados por nossa consciência subjetiva que nos esquecemos do antiqüíssimo fato de que Deus fala especialmente através de sonhos e visões. Os budistas descartam o mundo de fantasias inconscientes, alegando que não passam de ilusões inúteis; os cristãos colocam sua Igreja e sua Bíblia entre eles e o próprio inconsciente; e os intelectuais racionais ainda não sabem que sua consciência não é sua psique inteira. ... Mas se um teólogo realmente crê em Deus, com que autoridade pode afirmar que Deus é incapaz de falar através dos sonhos?"

C.G. Jung, *O homem e seus símbolos*

Na virada do século, os pioneiros da psicologia profunda não descobriram a importância dos sonhos. Eles a redescobriram. Muitas civilizações antigas levavam extremamente a sério seus sonhos. Por ironia, muita gente que hoje rejeita os sonhos como algo sem sentido, sem saber aceita e segue valores espirituais, crenças e tradições que se originam diretamente dos sonhos de indivíduos que viveram há milhares de anos. Durante toda a história religiosa da nossa cultura judeu-cristã os sonhos tiveram um papel central na determinação do destino da humanidade. Eles eram tidos como a voz de Deus.

Dra. von Franz, gostaria de dar prosseguimento à abordagem simbólica da interpretação dos sonhos examinando alguns sonhos bíblicos. Talvez a senhora pudesse nos explicar de que forma esses símbolos podem ser entendidos hoje em dia, assim como eram pelos povos antigos.

Em primeiro lugar, um sonho que determinou o curso da história judaica, o da escada de Jacó:

"E Jacó teve um sonho: Eis que uma escada se erguia sobre a Terra e seu topo atingia o céu, e anjos de Deus subiam e desciam por ela! Eis que o Senhor estava de pé diante dele e lhe disse: 'A Terra sobre a qual dormiste, eu a dou a ti e à tua descendência e todos os clãs da Terra serão abençoados por ti e por tua descendência. Eu estou contigo e te guardarei em todo lugar aonde fores.' "

O sonho de Jacó é um dos exemplos que teólogos usam para justificar que os sonhos devem ser levados a sério. Há outros na Bíblia que foram tidos como prova de que Deus envia sonhos. Esses teólogos chegam mesmo a falar de sonhos enviados por Deus.

Quando o sol começa a se pôr, Jacó chega perto de um lugar chamado Harã. Anoitece, ele se deita e coloca sob a cabeça uma pedra, como travesseiro. Esse lugar específico é de novo mencionado no fim do texto; Jacó diz que lá é a verdadeira casa do Senhor.

Esta é uma das mais antigas crenças da humanidade, de que na paisagem há certos lugares onde se pode estabelecer comunicação com as divindades superiores ou inferiores. Por exemplo, uma fenda escura ou uma abertura no chão podiam ser encaradas pelos povos primitivos como entrada para o mundo subterrâneo, onde é possível comunicar-se com os deuses inferiores. É o lugar onde os mortos desaparecem ou de onde emanam as almas das crianças e assim por diante. Outros locais, especialmente o topo das montanhas, permitem o contato com os deuses superiores – Moisés no Sinai, por exemplo. No cume dos montes fica-se mais próximo dos deuses. É por isso que Zeus vive no Monte Olimpo. Na Grécia, todos os deuses e deusas viviam em altas montanhas; em países planos, em outros lugares de algum modo especiais.

Ocorre que Jacó não sabia que esse era um lugar sagrado. Ele concluiu a partir do sonho: "Este lugar em que me encontro deve ser sagrado porque esse sonho veio a mim."

Isso toca um mistério que ainda não solucionamos, ou seja, projetamos nossa alma na paisagem. Há no mundo uma completa geografia da alma. Cada nação e cada civilização tem uma geografia desse tipo. Como dissemos, há lugares onde se faz contato com os deuses de cima e de baixo, lugares onde há bons ou maus espíritos. É como se a psique inconsciente do homem original se espalhasse por toda a paisagem. Há lugares capazes até de nos arrepiar.

Os romanos ainda acreditavam que cada lugar tinha um espírito, a que chamavam *genius loci*. Quando, por exemplo, construíam uma casa ou faziam um jardim, colocavam no local uma estatueta ou um símbolo fálico para representar o espírito do lugar: "Que o espírito do lugar seja benevolente para mim." Mesmo hoje em dia, se atravessar uma paisagem com o coração aberto, verá que em alguns lugares você se sente bem e gostaria de ficar, mas em outros você não se sente bem e gostaria de deixá-los. E você não sabe por quê.

O mesmo acontece numa casa. Até os animais domésticos têm seu cantinho favorito onde gostam de se deitar, e outros que evitam mesmo que a você pareçam convenientes. Pode-se raciocinar e dizer que é porque há uma corrente de ar ou algo do gênero, mas nem sempre é assim. Às vezes não há uma explicação racional. Os animais simplesmente se sentem psiquicamente confortáveis em alguns lugares e não em outros. E nós também somos assim. Temos nossos cantinhos favoritos e não gostamos que alguém se sente lá. Somos exatamente como os cães. Jacó foi dar num lugar assim, um local sagrado onde sua alma, psicologicamente falando, podia abrir-se num sonho à influência divina. Ele pôs uma pedra sob a cabeça e dormiu.

A pedra é um dos mais antigos símbolos do sagrado. O estudo dos povos aborígines e as escavações arqueológicas revelam que em suas origens o homem provavelmente cultuava pedras. Acreditava-se que algumas tinham poderes sagrados. Por exemplo, ainda hoje o aborígine australiano acredita que os espíritos dos deuses ancestrais vivem em certas pedras; se uma mulher passar perto de uma delas, ela conceberá. O bebê emana dessas pedras e penetra em seu útero. O mesmo pode ser dito dos germânicos. Eles acreditavam que as almas dos recém-nascidos provinham das pedras tumulares das sepulturas dos ancestrais. Os ancestrais passariam das pedras para o útero das mulheres e as impregnariam. Portanto, a pedra é o ponto de origem da vida. É muito semelhante à estrela; a substância eterna do ser humano foi projetada na pedra.

Com a pedra sagrada sob a cabeça como uma espécie de fetiche que o ligava ao Além, Jacó adormeceu ao pôr-do-sol. A hora do poente pode ser interpretada como dormir, o apagar-se da consciência. Ele penetrou profundamente no inconsciente e nesse instante viu uma escada que conduzia ao céu. A famosa escada de Jacó, pela qual anjos sobem e descem, simboliza uma conexão contínua com o reino dos deuses. Por exemplo, em sua iniciação os xamãs sobem até o que dizem ser o céu, embora na realidade seja uma altura de apenas alguns metros. A árvore, escada ou corda na qual sobem é sua conexão com o reino espiritual, o mundo dos deuses.

Além disso, os curandeiros do Tibete e da antiga China eram chamados Mestres da Corda porque apenas eles podiam fazer a conexão, subindo ao céu. Em outros lugares subia-se numa árvore. Cada elemento era apenas um meio para subir, passo a passo, e fazer uma conexão com o mundo divino. Na Renascença, já no século XVII, a escada de Jacó foi interpretada simbolicamente como sendo os sons e vogais da fala humana, ou as diferentes qualidades do mundo, ou ainda os diferentes números do mundo. A idéia básica de diferentes sistemas de pensamento foi projetada na escada. Mas em todos esses casos, ela simbolizava uma conexão contínua e constante com os poderes divinos do inconsciente. Poderíamos dizer que o próprio sonho é uma escada. Ele nos liga às profundezas desconhecidas da psique. Cada sonho é, por assim dizer, um degrau de uma escada.

Naquele lugar sagrado o Senhor prediz a Jacó seu futuro. Naquela época, os sonhos eram usados especialmente para prever o futuro e o Senhor aqui prediz a Jacó que ele e seus descendentes se espalharão pela Terra e que o Senhor estará com eles. Essa confirmação de que Deus está com ele dá ao rapaz fugitivo a coragem de prosseguir. É por isso que ao acordar ele chama o lugar de Casa do Senhor – Betel – e coloca ali uma pedra como marco. Trata-se de um antiqüíssimo hábito da humanidade. As pedras sempre marcaram os lugares sagrados, e ainda hoje o fazem.

O que a senhora quer dizer, psicologicamente, quando usa a palavra a "Deus"?

Em termos psicológicos, uso essa palavra para designar tudo aquilo que nos arrebata tão completamente que nossa reação mais genuína é nos prostrarmos no chão, em veneração e temor. É aquilo que fascina ou aterroriza numa espécie de êxtase bem-aventurado. Aquilo que tira um ser humano do chão. Isso sempre foi chamado *Deus*.

A palavra "deuses" está sendo usada no mesmo sentido?

Sim, no mesmo sentido. A diferença é que as religiões politeístas caracterizam diferentes modos de arrebatamento. Se for pelo terror, então é Shiva, o destruidor; se for pela bem-aventurança, então é Vishnu. Mas em todas as religiões politeístas há sempre confirmações de que no fundo todos aqueles deuses são um só.

E numa religião monoteísta há um politeísmo secreto; na realidade, há muitos deuses. No Cristianismo, por exemplo, temos a Trindade, os santos e os anjos. Portanto, monoteísmo e politeísmo se interpenetram. Às vezes a ênfase recai mais sobre o uno que é também muitos, outras vezes sobre os muitos que também são um só.

A senhora acha que os deuses estão vivos nas cidades modernas?

Os deuses se encontram onde não se espera encontrá-los. Acham-se especialmente nos vícios, na garrafa de bebida ou outra droga qualquer. Wotan, o deus da ira, está por exemplo num terrorista, totalmente dedicado a uma ira avassaladora. A ira o possui, ele não a tem. A ira é seu Deus. Temos assim um número infindável de deuses, mas como não os veneramos e nem mesmo os vemos, eles se apresentam na maior parte negativos. É por isso que se alguém tem seu deus numa garrafa de bebida, ele ou ela deve encontrar uma relação com um deus espiritual, expulsando o espírito negativo através de um positivo.

No tempo de Jacó os anjos eram os mensageiros dos deuses. Naquela época, por certo, as pessoas acreditavam em anjos. Que aspecto do inconsciente eles personificavam? Onde podemos vê-los em nossos dias?

Bem, posso contar o que aconteceu com minha amiga Barbara Hannah. Estávamos indo de carro para a cidade e de repente ela brecou tão abruptamente que bati no vidro. Quando olhei, não havia nada à nossa frente. Naquele instante, uma criança saiu de trás de um carro e atravessou correndo a frente do nosso. Mas nós já tínhamos parado. Perguntei à Barbara: "Como é que conseguiu fazer isso? Não dava para ver a criança quando você brecou!" E ela respondeu: "Algo em mim disse 'breque já, breque já'. Não sei explicar o que foi." Ora, o homem da Antigüidade teria dito: "Meu anjo protetor me avisou." É como se uma presença benévola tivesse interferido. Barbara Hannah não tinha a menor idéia da razão de ter agido daquela forma. Ela apenas sentiu como se uma voz em seu ouvido a mandasse brecar. E foi o que fez.

São comuns as histórias de pessoas que sobrevivem a acidentes. Alguém que cai do telhado e é aparado por um galho de árvore; ou então alguém sofre um acidente na estrada e sai ileso, apesar de todos acharem que deveria ter morrido. Essa experiência faz com que a pessoa sinta que algum fator intencional e significativo interferiu e a ajudou ou salvou sua vida. Além disso, a presença não era apenas um mecanismo, pois agiu com inteligência. Por isso, a pessoa sente que há como que uma personalidade ajudando, algo protetor e pessoal.

Naturalmente há também os anjos maus, que podem nos levar à destruição. Mas, em geral, a idéia de anjo provém de experiências milagrosas, quando sentimos que algum fator inteligente atrás de nós nos ajudou. Sentimos uma presença. Os anjos também têm a ver com a idéia de duplo. A maioria dos povos primitivos acredita que o ser humano está dissociado enquanto vive na Terra. Acreditam que cada um tem uma personalidade maior, um duplo invisível que vive em algum lugar no mato, ou que segue invisivelmente a pessoa. Esse duplo aparece em certos momentos. Hoje diríamos que se trata de uma personificação do inconsciente. Se vissem esse duplo na realidade exterior, os primitivos diriam que isso é um sintoma de morte. Assim, se um membro desses povos se salvar milagrosamente de um acidente, ele pensará que foi seu duplo. O duplo e o anjo da guarda têm muito em comum.

Sentir a presença de um anjo é sentir que algo mais inteligente e maior que o ego está vivo em você. Às vezes ele encaminha o destino contra a sua vontade e o leva a fazer coisas que você não planejou. Trata-se de uma experiência que, creio eu, todos já tiveram alguma vez. Naturalmente, nas religiões mais elaboradas essa experiência transformou-se no ensinamento de que há anjos, de que todos têm um bom anjo da guarda e às vezes também um anjo mau sedutor. É a batalha de poderes semipersonalizados em nosso inconsciente, pela qual não somos responsáveis. Esses poderes foram encarados como mensageiros de Deus. O homem primitivo pensava que Deus não podia cuidar de tudo sozinho, de modo que os anjos seriam os seus delegados, que cuidam das suas criaturas.

Em várias pinturas medievais há anjos mensageiros de sonhos – um anjo da guarda que traz um sonho a uma pessoa que dorme.

Sim, costumava-se encarar o anjo como sendo a personificação da essência de um sonho porque – veja bem – os sonhos também podem salvar nossa vida. Às vezes os sonhos são um aviso; se os levarmos em consideração poderemos evitar desastres. Por exemplo, eu não viajaria de avião se na noite anterior tivesse um sonho de desastre; acho que se o inconsciente se deu ao trabalho de me enviar um sonho de aviso tenho de levá-lo a sério.

Não sabemos como explicar, mas o inconsciente sabe mais do que nós. É como se ele se expandisse pela natureza exterior e tivesse informações às quais não temos acesso. Por isso às vezes os sonhos nos enviam avisos ou informações sobre coisas que não conhecemos.

Jacó acatou a autoridade da voz que falou em seu sonho e dessa forma seu destino pessoal foi traçado. Caso permaneça inconsciente, a autoridade interior não será projetada numa causa, ou numa ideologia que então se torna o alvo da vida?

Sim, ela é projetada na personalidade de um líder espiritual ou mundano ou então se torna uma ideologia, um *ismo* ou uma convicção religiosa, que passa a ser aceita como alvo supremo ou fator determinante da vida. É uma possibilidade também. Nas crenças fanáticas, seja em sistemas religiosos ou ideológicos, há sempre por assim dizer uma estrela projetada que a pessoa segue.

Poderia nos dar alguns exemplos de líderes em quem as pessoas projetaram a estrela?

Hitler foi uma estrela nefasta que centenas de milhares de alemães seguiram; Cristo foi uma estrela benfazeja seguida por milhões através dos tempos. Naturalmente, há profetas verdadeiros e falsos, líderes bons e maus. A História no final decide.

Encontramos a mesma situação quando alguém elege um guru, ou tem uma transferência forte demais em relação a um psicoterapeuta. A estrela, a natureza individual da personalidade, é projetada e a pessoa fica fascinada por outra em vez de seguir sua própria autoridade interior.

Será que isso se aplica às estrelas do cinema?

Por todo o mundo as garotas adolescentes tendem a vestir-se e a se pentear como uma determinada artista. Ela é sua estrela, seu ideal, é a personalidade feminina que elas gostariam de ter e que, portanto, imitam. O mesmo se dá com os rapazes. Os "astros" e "estrelas" representam o ideal e à medida que este muda surgem outros, com novos estilos, para atrair uma nova geração.

Isso é bom, ou mau, ou é apenas um fenômeno?

Creio que não é nem bom, nem mau. Depende do que se faz com isso. Por exemplo, se não tivesse projetado sua estrela em Churchill durante a última guerra, o povo da Grã-Bretanha não teria resistido. O fato de acreditar totalmente no líder deu a esse povo a coragem de enfrentar um período terrível. Assim Churchill, a estrela da nação, foi capaz de salvá-la. Nesse caso, o efeito foi benéfico.

Capítulo 6

A Linguagem Esquecida

"Ouvi o sonho que tive: pareceu-me que estávamos atando feixes nos campos, e eis que o meu feixe se levantou e ficou de pé, e os vossos feixes o rodearam e se prostraram diante do meu. ... Tive ainda outro sonho: pareceu-me que o Sol, a Lua e onze estrelas se prostravam diante de mim."

Os sonhos determinam o destino de vidas individuais e de culturas como um todo. Foram fundamentais para o desenvolvimento da civilização ocidental.

Dra. von Franz, para começar eu gostaria que a senhora interpretasse o sonho de um menino, José, que viveu numa tribo nômade no deserto há quase três mil anos. Sua posição privilegiada na família acirrou o ciúme dos onze irmãos, para quem um dia ele contou seus sonhos.

José foi um tanto ingênuo ao contar os sonhos para a família. Apesar de provavelmente não os terem interpretado conscientemente, os irmãos foram atingidos pelos sonhos e ficaram com raiva.

O primeiro sonho diz que os feixes de trigo se prostraram diante dele. Ora, naquela época os feixes de trigo simbolizavam as gerações da humanidade. No Egito, por exemplo, há todo um simbolismo – assim como na Bíblia – de que o homem é como o trigo: floresce, é ceifado pela morte e brota de novo das raízes. De modo que o ciclo de vida e morte e o retorno à vida eterna foi projetado no trigo. Essa projeção também ocorre nos Mistérios de Elêusis e no dizer bíblico de que se o grão não cair na terra ele não se reproduz, e assim por diante. Assim, o sonho dos feixes de trigo que se curvam diante dele significa que toda a vida terrena, dos seres humanos à vegetação, o reverencia. O sonho mostra que internamente ele era eleito líder.

Seria natural para algumas pessoas admirar José, segui-lo e imitá-lo, mas não para os seus familiares. É comum acontecer de uma família reagir negativamente com relação a um membro que se sobressai ou possui alguma genialidade. Às vezes há famílias que se identificam com a criança genial, administram o show e se aproveitam do sucesso. Mas se lermos as biografias de pessoas talentosas e excepcionais veremos que com mais freqüência elas têm problemas com outros membros da família que não compreendem seu destino fora do comum. Trata-se de pessoas invejosas que tentam enquadrar aqueles mais bem dotados. Mas a personalidade extraordinária em geral tem de pagar de algum jeito por sua excepcionalidade. Com freqüência, essas pessoas têm certas características desagradáveis que compensam sua grandeza e são de difícil convivência. Pois bem, José conta seu sonho e a reação da família é bastante conhecida. A seguir, ele tem um sonho ainda pior: o Sol, a Lua e as estrelas se curvam diante dele como se ele fosse o novo Sol, o novo centro do céu. Esse sonho é uma formulação bastante exagerada de sua eleição pelo Senhor.

De um ponto de vista moderno, devemos concluir que José não tinha consciência da própria importância e que se subestimava. O fato de que precisou ter um sonho desses indica que no plano consciente provavelmente ele se achava uma pessoa muito comum. É por isso que o sonho fica martelando: "Não, você é alguém especial, você tem um destino fora do comum, os feixes de trigo e os astros no céu curvar-se-ão diante de você. Você é o centro, você é a pessoa importante, um dia tudo dependerá de você." Isso o prepara para que mais tarde possa assumir a responsabilidade por sua tribo. Com um sonho assim, ele teve coragem suficiente para assumir a responsabilidade de um líder.

No seu trabalho de analista, já lhe ocorreu deparar-se com um sonho como o de José, no qual uma pessoa descobre seu destino?

Sim. Por exemplo, tive em meu consultório um artista plástico de formação acadêmica que gostava de retratar as coisas com absoluta acuidade. Ele vivia da sua pintura, muito precisa, antiquada e fotográfica. Esse era seu estilo e ele resistia violentamente ao que denominava arte moderna, cuja destrutividade e excentricidade desprezava. Noite após noite, sonhava que tinha de mudar por completo seu estilo e pintar imagens interiores e temas abstratos. Por exemplo, ele sempre usava cores escuras, mas alguns sonhos muito nítidos diziam que ele devia usar cores vivas. E entre outros sintomas psíquicos desagradáveis, ele era impotente. Assim que começou a obedecer aos seus sonhos, os sintomas desapareceram, inclusive a impotência. Ele foi curado mudando por completo seu estilo. Nesse caso não se fez necessário mudar de vocação, apenas de estilo.

Tive outros casos, de pessoas que precisaram mudar de profissão, abrir mão de tudo e fazer algo diverso. O que naturalmente é sempre um terrível momento de medo e crise. Muitas vezes, a neurose das pessoas advém do fato de que elas não ouvem seu chamado, chamado esse que no meu trabalho é bastante comum.

Alguns anos depois, José interpretou um sonho para o Faraó. Sua interpretação salvou da fome tanto os egípcios como os hebreus:

> "O Faraó teve um sonho: ele estava de pé junto ao Nilo e eis que surgem sete vacas de bela aparência e bem cevadas, que pastavam nos juncos. E eis que atrás delas subiram do Nilo outras sete vacas, feias de aparência e mal-alimentadas, e devoraram as sete vacas gordas."

Para entender a interpretação de José é preciso relacioná-la ao pensamento do seu tempo. Ora, no Egito a vaca era uma divindade materna. Na mitologia desse povo, uma vaca celeste cobria o firmamento como um todo. Uma vaca, amparada pelo deus do ar, Shu, ficava acima do céu; em seu ventre estavam as constelações, de modo que quando olhava para o céu, o egípcio via a barriga de uma enorme vaca. Ísis, a grande deusa, às vezes também era representada com a cabeça de vaca, assim como a deusa Hathor. Portanto, a vaca tem a ver com o princípio materno cósmico, com o princípio da fertilidade feminina tanto da Terra como do céu. A chuva que caía do céu sobre aquele solo seco representava o leite da vaca celestial, uma garantia de vida.

Já o número sete, segundo o pensamento da época, estava associado aos sete planetas e aos sete metais. Ele representava um ciclo completo. Depois do sete, o ciclo começa de novo com o número oito. Ainda hoje temos sete dias na semana e o oitavo é um recomeço. Na tradição do simbolismo numérico, o sete indica portanto um ciclo temporal completo.

Assim, trabalhando nessa linha, José pensou que haveria um ciclo temporal completo, durante o qual a deusa mãe daria em abundância, e em seguida um ciclo de pobreza. Sua predição ao Faraó – sete anos de fartura e sete de seca e fome – acabou se cumprindo. Foi assim que ele pensou ao interpretar o sonho.

Se o Faraó tivesse lhe contado esse sonho, sua interpretação teria sido a mesma?

Sim. Se me aparecesse em meu consultório um velho faraó egípcio eu usaria essa mesma linguagem.

O terceiro sonho de destino é bastante mencionado durante o Natal; talvez nem nos damos conta de que se trata de um sonho. Ao saber que sua noiva jovem e virgem estava grávida, José sonhou:

“Eis que o anjo do Senhor manifestou-se a José em sonho, dizendo: ‘Não temas receber Maria, tua mulher, pois o que nela foi gerado veio do Espírito Santo. Ela dará à luz um filho e tu o chamarás com o nome de Jesus, pois ele salvará o seu povo de seus pecados’.”

Na época de José, muito mais do que hoje, as pessoas acreditavam em eventos sobrenaturais. Certamente José também tinha suspeitas muito comuns e normais sobre a gravidez de sua noiva e por isso precisava desse sonho, que lhe dizia haver ocorrido uma concepção sobrenatural e divina. Em todas as religiões, o ensinamento central contém paradoxos desse tipo, algo que se choca com a experiência humana. A essência de uma afirmação religiosa é esse paradoxo, que estabelece a superioridade do espírito sobre a matéria. No mundo materialista não pode haver um nascimento virgem; ao declará-lo o dito religioso afirma a prioridade de certas coisas interiores e espirituais sobre outras, materiais. E o mesmo acontece nos sonhos.

As pessoas demasiado racionais e materialistas sonham com coisas sobrenaturais. Lembro-me do sonho de uma mulher, no qual ela via um pequeno animal mecânico. Ele era feito de diamantes, mas estava vivo e andava. Ela consultou Jung, que lhe disse: “Isso é para lhe provar que o impossível é possível. Você ainda é racional demais e acha que uma coisa dessas não pode acontecer. Você não está aberta para milagres, mas eles existem. No reino da psique, milagres podem acontecer.”

Os sonhos afirmam o impossível. Eles dizem: “Olhe, você acha que isso é impossível, mas isso existe no reino da psique. Não no mundo da matéria, mas no da psique.” E José também precisou de um anjo, um mensageiro de Deus, para lhe dizer num sonho que Cristo nascia de modo sobrenatural, concebido pelo Espírito Santo. É dessa forma que nascem os heróis míticos nas diferentes religiões. O nascimento virgem não é exclusivo de Cristo; as figuras redentoras sobrenaturais nascem ou são concebidas dessa forma.

Em conformidade com o espírito da época, José aceitou o sonho de modo totalmente literal. Ele defendeu a Virgem Maria, protegeu o filho e enfrentou por ela todas as dificuldades sem jamais vacilar em sua fé. Deve ter sido difícil, pois dá para imaginar que as pessoas a seu redor falassem do assunto de outro modo. Vemos assim que o sonho une certas pessoas numa ação comum e promove as relações comunitárias.

Há quem pense que a pessoa que se interessa por seus sonhos se torna um lunático solitário ou um tipo estranho de autista que segue seus próprios sonhos de modo anti-social. Isso não é verdade. Muitas vezes os sonhos sugerem uma relação com alguém ou alguma coisa que absolutamente não nos ocorre no plano consciente. Eles criam laços sociais e novos comportamentos sociais, da mesma forma como às vezes cortam laços sociais velhos. Mas o sonho não é de modo algum um fenômeno anti-social. José poderia ter se insurgido contra a mulher e usado de medidas destrutivas, mas graças à ajuda de um sonho ele mudou totalmente de atitude e a apoiou pelo resto da vida.

A senhora escreveu sobre algumas culturas primitivas nas quais os sonhos desempenham um papel importante na vida social...

Muitas tribos tidas como primitivas – não gosto dessa palavra, digamos povos que ainda vivem num ambiente natural e preservam sua cultura intacta, sem influência dos brancos – confiam em seus sonhos. Os senoi, por exemplo, ensinam as crianças, desde pequenas, a contar seus sonhos. Eles são discutidos e interpretados tanto na família como na tribo. A vida social e o comportamento do grupo baseiam-se nos sonhos.

Uma tribo aborígine australiana tem um festival chamado Kunapipi que dura trinta anos, uma geração. A cada ano realiza-se uma parte do festival. Ao final de cada parte a tribo se reúne para discutir eventuais sonhos sobre a cerimônia; se algum sonho contiver propostas de mudança no ritual, este é mudado. De modo que o ritual corresponde à vida onírica do grupo, ou seja, a vida interior influi no ritual religioso.

Os iroqueses do Canadá levavam muito a sério os seus sonhos. De fato, um dos massacres dos jesuítas foi conseqüência de um sonho.

Li recentemente um estudo que mostra como os iroqueses confiavam muito nos sonhos, os quais, ao lado das suas visões, eram de interesse fundamental. Especialmente durante o período da guerra com os brancos eles tentavam ter sonhos e segui-los. Alguns dos seus profetas chegaram a antever em sonhos a dissolução da comunidade. Eles também tentavam provar a realidade da sua experiência espiritual relatando os próprios sonhos aos missionários brancos que tentavam destruir sua fé chamando-a de superstição. O autor desse estudo sugere que essa concepção de sonho provavelmente se aplica à maior parte das sociedades primitivas. Mas até hoje os antropólogos ignoram a pesquisa sobre sonhos e conseqüentemente não têm reunido dados. Entretanto, por tudo o que sabemos até o momento, parece certo que a maioria das culturas primitivas confiavam e ainda confiam nos sonhos.

Na China sempre houve intérpretes de sonhos. Mesmo atualmente, nas ruas da China comunista há especialistas a quem se paga por uma interpretação; as que li eram bastante modernas. Esses intérpretes são psicólogos muito bons com intuições acerca dos sonhos que correspondem de perto àquilo que teríamos para dizer.

O que a psicologia moderna poderia aprender estudando o modo pelo qual os primitivos lidam com seus sonhos?

Que os primitivos em geral são menos orientados no sentido tecnológico e racional, tendo portanto uma visão mais natural da vida, da morte e da vida interior. Eles têm um relacionamento melhor com sua vida instintiva.

Nós nos tornamos assimetricamente intelectuais e portanto não nos relacionamos com nossos sonhos, ou então pensamos, ao despertar, que eles são bobos e absurdos. É a nossa primeira impressão. O homem primitivo, que pensa mais simbolicamente e possui, via tradições tribais, um maior conhecimento mitológico e simbólico, tem uma relação melhor com seus sonhos, o que significa uma melhor relação com sua vida interior, sua vida instintiva.

Seria esse um aspecto do trabalho do analista na sociedade moderna, quer dizer, religar o indivíduo à sua própria vida interior instintiva?

Sim. É por isso que na terapia junguiana oferecemos ao paciente a oportunidade de estabelecer uma relação única que não é uma técnica terapêutica, mas um encontro pessoal. Por isso Jung dizia que ao encontrar o paciente devia-se esquecer todas as teorias psicológicas. O importante é encontrá-lo com o coração e a mente, como um ser humano único. Então, cada encontro é uma aventura e o sonho é esse encontro direto. Dentre os milhares de sonhos que já interpretei, nunca vi dois iguais. O sonho é sempre único, e sempre vem no momento certo. É uma mensagem dos poderes do instinto, os poderes do inconsciente coletivo, uma mensagem que chega num momento preciso durante uma certa noite, dirigida especificamente para o sonhador. Os alquimistas diriam que é uma mensagem do único para o único. Quer dizer, do centro divino da psique para o indivíduo único que vive uma situação única. É por isso que não se pode prever os sonhos. Você não pode ir dormir e dizer: "Talvez eu sonhe com isso ou aquilo." Você sempre sonhará com outra coisa.

Na raiz do sonho há um mistério criativo que não temos como explicar racionalmente. É a mesma criatividade que criou aquilo que o homem jamais poderia ter inventado: as milhares de espécies de animais, flores e plantas que há na Terra. Os sonhos são como flores ou plantas. São algo único, diante do que só podemos nos maravilhar.

Parte 4

A Psicologia Masculina

Capítulo 7

A Sombra Sabe

Dois pássaros, amigos inseparáveis, pousam
na mesma árvore. Um come o fruto doce,
o outro observa sem comer.

Mundaka Upanishad

Dentro de cada um há uma sombra escondida. Por trás da máscara que usamos para os outros, por baixo do rosto que mostramos a nós mesmos vive um aspecto oculto da nossa personalidade. De noite, enquanto dormimos indefesos, sua imagem nos confronta face a face.

Dra. von Franz, os sonhos revelam nossa vida não vivida através do personagem da sombra. Psicologicamente, qual é o sentido do termo "sombra"?

A palavra *sombra* é apenas um nome que damos ao fato de que a maioria das pessoas não tem consciência de todos os aspectos da sua personalidade. Gostamos de nos imaginar como pessoas inteligentes, generosas, de bom caráter, com certas habilidades e assim por diante. Mas nossa personalidade completa inclui também qualidades inferiores, das quais não somos conscientes. Elas se revelam em nosso relacionamento com o meio que nos cerca e em brigas. Nossa tendência é empurrá-las para a sombra. Não as encaramos de frente, e quando pensamos sobre nós mesmos esquecemos essas qualidades, pois elas nos envergonham. Só nossos melhores amigos e aqueles com quem vivemos é que podem identificar com clareza esses traços inferiores.

Talvez a senhora pudesse interpretar esse sonho, no qual o inconsciente usa amigos íntimos para indicar características da sombra. É um sonho engraçado, de um garoto tímido de treze anos, introvertido, que gosta de ler, jogar xadrez, andar de skate. Seu melhor amigo, Chris, que aparece no sonho, é exatamente o oposto: desembaraçado, atlético e competitivo. A amizade entre ambos já dura anos.

Os dois meninos são amigos, mas também são um contraste. O segundo é mais do tipo extrovertido, gosta de esportes coletivos e de sair, ao passo que o sonhador prefere jogos individuais e parece ter um caráter mais reflexivo. No sonho ele é uma águia e voa.

> “Sonhei que era uma grande águia, que sobrevoava a cidade, quando vi meus amigos Chris e Mike indo para a escola. Dei um vôo rasante e caguei na cabeça do Chris e ele teve que ir para casa lavar o cabelo. Daí eu pousava no telhado da casa dele e ele estava voltando para a escola na hora do almoço. Dei outro vôo rasante e caguei de novo na cabeça dele. Ele entrou chorando chamando a mãe e eu achei isso a coisa mais divertida do mundo.”
>
> *Um garoto de treze anos*

Na heráldica a águia é o pássaro dos reis e dos líderes. Assim como o leão é o rei dos animais selvagens, a águia é o rei dos pássaros. Ela tem a ver com o desejo de poder, mas também com a elação espiritual, com os altos vôos do pensamento e da fantasia. Tem-se a impressão de que o sonhador tem mais capacidade de fantasiar do que seu amigo extrovertido.

Ocorre que todo individualista introvertido secretamente inveja o extrovertido, porque este tem mais sucesso no plano coletivo. Em geral, o introvertido abriga um certo sentimento de inferioridade com relação ao extrovertido. O reverso também é verdadeiro, mas o extrovertido não o admite. O sonho, portanto, restabelece o equilíbrio.

Sob a forma de águia, nosso garoto consegue cagar na cabeça do amigo, humilhando-o. O amigo tem que ir para casa pedir ajuda à mãe e assim o sonhador se sente altaneiro, triunfante. Poder-se-ia também encarar o sonho com um pouco de suspeita e dizer que há um pequeno aviso: ele não deveria elevar-se demais acima do amigo. Mas parece-me que o sonho é antes uma compensação. O garoto se sente inseguro ou inferior em relação ao amigo e o sonho então lhe mostra essa possibilidade: “Olha aqui, não tem problema, você é a verdadeira águia e pode cagar na cabeça dele.”

A sombra personifica apenas os aspectos inferiores da personalidade?

Bem, como a maioria das pessoas se identifica mais com as características que as tornam socialmente aceitáveis, a sombra em geral é desajeitada, inferior e às vezes um tanto maléfica ou socialmente desadaptada. Mas nem sempre é assim. Há pessoas que preferem viver o lado pior da sua personalidade e, assim, têm uma sombra positiva. É o caso, por exemplo, dos delinqüentes. Sua sombra é um homem bem-intencionado. Mas a norma é nos identificarmos com os traços mais positivos e desenvolvidos do nosso caráter, empurrando o lado inferior para a sombra. O exemplo mais famoso é do dr. Jekyll e Mr. Hyde. Essa representação literária mostra de fato como convivem e interagem um homem e sua sombra.

Todo mundo, por assim dizer, lança uma sombra. Por exemplo, se pensamos demais, nosso sentimento torna-se relativamente inferior ou subdesenvolvido se não lhe prestamos suficiente atenção. Alguém que trabalhe exclusivamente com máquinas e recursos técnicos tende a negligenciar sua fantasia ou dons artísticos. O caso é que, se reprimirmos a sombra, veremos apenas meia pessoa. É por isso que há na literatura essas histórias em que o diabo rouba a sombra de alguém. A pessoa acaba ficando nas garras do diabo. Precisamos da sombra. Ela nos conserva com os pés no chão, ela nos relembra da nossa incompletude e nos proporciona traços complementares. Seríamos na verdade muito pobres se fôssemos apenas o que imaginamos ser.

Onde se pode ver a sombra na vida cotidiana?

Quando se está cansado ou sob algum tipo de pressão outra personalidade costuma entrar em cena. Por exemplo, pessoas muito bem-intencionadas e prestativas de repente tornam-se impiedosamente egocêntricas, maldosas, ignorando os demais. Quando alguém pegou uma gripe ou está doente, você de repente vê sua sombra. Ou então, há aquelas pessoas que estão sempre de bom humor, animadas e cheias de iniciativa e, um belo dia, se tornam um urso bravo e você diz consigo mesmo: "Nunca vi essa pessoa assim antes." Há uma mudança repentina de caráter. É assim a irrupção da sombra, que pode se dar de mil formas diferentes. Digamos que você tem um amigo íntimo e lhe empresta um livro. Acontece que é exatamente esse livro que seu amigo perde. Era a última coisa que ele queria fazer, mas sua sombra pretendia pregar uma peça em você.

É também muito comum acontecer que pessoas invejosas preguem peças desagradáveis umas às outras. Perdem objetos do outro, ou não chegam na hora marcada, e assim por diante. Suas intenções são as melhores, mas a sombra faz das suas pelas costas. Sabe-se também que policiais e criminosos mantêm entre si uma relação de sombra. Muitos policiais lutam contra a própria sombra na exterioridade de um criminoso e teriam uma inclinação criminosa se não fossem policiais. Esse é apenas um exemplo, que os criminologistas conhecem muito bem. Todos nós temos nosso inimigo favorito – digamos nosso melhor inimigo. Eles são, em geral, a nossa sombra. É natural que você odeie alguém que lhe faça mal. Mas se alguém não lhe fizer mal nenhum e mesmo assim você fica louco de raiva cada vez que essa pessoa aparece, pode estar certo que é a sombra. O melhor que se tem a fazer nesse caso é sentar-se e escrever um texto sobre as características dessa pessoa. Depois de pronto, leia e diga: "Este sou eu." Eu fiz isso quando tinha dezoito anos; meu rosto ficou vermelho e suado quando terminei. Ver a própria sombra é um choque real.

Poderia um aspecto sombrio da nossa personalidade assumir a forma de um animal nos sonhos?

Sim, se alguém reprime ou suprime reações emocionais instintivas, um animal hostil pode aparecer nos sonhos.

"Bem, há três dias tive um sonho com um tigre que de repente aparecia em casa. Não dava para ver o corpo, o que eu via era a cabeça.

Aqui no dormitório há um longo corredor com portas de ambos os lados. Lembro que estava no banheiro e esse tigre queria me pegar. Ele havia enfiado a cabeça por baixo da porta. O pescoço devia ser fino para poder passar. Lembro que empurrava a porta com força. Não que eu tivesse medo, é que achei que esse tigre realmente estava contra mim. Eu não queria que ele entrasse. Meus amigos, do outro lado do banheiro, não davam a mínima, mas eu sim. Eu era o único com medo desse tigre que queria entrar."

Aluno do Eton College

"Você costuma ficar zangado?"
"Não agüento quando alguém insiste e sei que tenho razão. É, eu me zango. Como é que você sabe?"

Quanto mais a pessoa se julgar sempre correta, não vivendo nunca seu lado sombrio, mais ela o projetará e encarará os outros como malfeitores. O correto vive num estado de permanente indignação, derrotando a própria sombra sob a forma de uma pessoa exterior. Os clérigos, por exemplo, têm uma natureza muito problemática, pois a congregação espera que sejam sempre prestativos, afáveis, cordiais e virtuosos. Mas os pobres coitados também têm uma sombra, que não podem viver. Se o fizessem, a congregação inteira reprovaria. De forma que eles vivenciam sua relação com o mal percebendo-o nos outros e fazendo sermões.

É comum figuras sombrias nos perseguirem em sonhos sob a forma de ladrões ou inimigos poderosos?

De modo geral, se algo nos sonhos nos persegue, é porque quer chegar até nós. Mas nosso medo lhe confere uma aparência maléfica. Se formos capazes de encarar esse lado da nossa natureza e aceitá-lo, provavelmente ele se tornará mais benevolente. É claro que todas as regras de interpretação de sonhos são paradoxais. Às vezes somos perseguidos num sonho por poderes do inconsciente dos quais é correto fugir. Na psique há tendências destrutivas que devemos evitar. Mas 80% do que nos persegue em sonhos é, na verdade, algum aspecto valioso da nossa personalidade que deveria ser integrado.

> "Tive um sonho maldito. Eu estava no nosso chalé na floresta com minha namorada (que agora é minha mulher) e um amigo comum, que me ajudou a construí-lo. Ele é o tipo do cara pé-no-chão, que gosta de mato – uma ótima pessoa. De repente, apareceu um cara peludo que nem um macaco se engraçando com minha namorada. Não gostei nem um pouco e estava pronto para avançar em cima dele quando meu amigo me pôs a mão no ombro e disse: 'Espere um minuto. Vamos resolver isso juntos.' Olhei em volta e disse: 'Não, eu cuido dele.' Daí comecei a falar com o tal cara de macaco: 'Não, você não pode ficar com ela, ela é minha!' No fim, o fulano revelou-se bastante sensato. Fiquei surpreso. Então o sujeito se virou e voltou para a floresta."
>
> *Assistente social em Toronto*

A sombra não é 100% má. Com bastante freqüência, não passa de uma espécie de brutamontes inofensivo, um homem sem modos, o homem coberto de pêlos muito próximo da natureza. Na maioria das vezes ele não é mau – apenas alguém natural, gostável e muito importante de se ter dentro de nós. Mas a educação força o ego a usar máscaras e então nos comportamos de forma não natural. Reprimimos nossas reações animais ou simplesmente humanas por polidez ou qualquer outra exigência da situação social.

Quando as pessoas aprendem a reconhecer a sombra e a vivê-la um pouco mais elas se tornam mais acessíveis, mais naturais, mais humanas. As pessoas sem sombra, que se pretendem perfeitas, provocam uma inferioridade no ambiente que irrita os demais. Elas agem de um modo superior ao *demasiado humano*. É por isso que ficamos tão aliviados quando algo ruim lhes acontece. "Graças a Deus – dizemos – ele também é gente."

Os analistas em geral tentam ser muito corretos com seus pacientes, mas às vezes cometem lapsos. Tenho notado que as falhas que cometo numa sessão, pela qual o paciente pode me recriminar, acabam provocando um desenvolvimento da relação. Eles dizem a si mesmos: "Afinal de contas, a von Franz não passa de um ser humano. Agora estou por cima mas vou perdoá-la." É bom sentir isso. Torna-se então possível uma relação mais natural entre dois seres humanos. Por aí se vê que a sombra é, na verdade, nossa melhor função social. Ela nos integra no grupo. Com nossas boas qualidades ficamos acima do grupo. Com nossa sombra somos homens entre homens, humanos, *demasiadamente humanos*. E é por isso que a sombra costuma ser representada nos sonhos como algo importante que não deveria ser desprezado mas integralmente aceito com um sorriso de quem sabe das coisas.

"Sonhei que estava numa casa grande, numa mansão, como se diz, onde havia uma exposição de pintura e desenho em vários salões. O artista chamava-se Sczabo – lembro muito bem: S-C-Z-A-B-O – nome que não significa absolutamente nada para mim. Mas as pinturas e os desenhos de animais me eram familiares.

Daí eu estava em outra grande sala, fora da exposição. Havia muita gente e nos preparávamos para um coquetel. Um homem se aproximou de mim e disse: "Que traje, que disfarce você vai usar?" Ele me passa um avental de pintor e eu digo: "Não, isso não sou eu."

Um homem de negócios

"Como você explica isso de um homem lhe oferecer um avental? Você pinta?"

"Não, não pinto. Acho que aquelas telas são simplesmente uma metáfora daquilo tudo que eu deveria escrever e não escrevo. O avental provavelmente é o traje que eu deveria usar se fosse levar a sério certas coisas que eu deveria fazer."

Não ter consciência da sombra e ao mesmo tempo vivê-la numa situação social costuma ser muito embaraçoso. Por isso, se alguém num grupo, ou numa família, faz algo negativo, os demais se sentem aliviados porque podem dizer que foi o outro quem o fez.

Temos um provérbio que diz: "O homem bom presta muita atenção no mal que o outro faz." Aí ele pode dizer: "Ah, foi ele, e não eu." Isso desempenha um grande papel na chamada psicologia do bode expiatório. Em certos grupos, em especial na família, uma criança ou outro membro qualquer assume o papel de fazer o mal que os outros gostariam de fazer e não ousam. Então elas empurram aquela pessoa cada vez mais para aquele papel negativo. É possível que na sociedade até mesmo o criminoso desempenhe esse papel; ele é algo como um redentor negativo. Ele redime a sociedade de ter que encarar sua própria sombra, porque é possível dizer: "Foi *aquele* sujeito que cometeu o crime. Eu gostaria de fazê-lo, mas não me atreveria." E alguém com uma personalidade fraca, um ego fraco, pode sucumbir a sugestões e atuar aspectos sombrios que os outros, na verdade, desejam.

No lado sombrio da nossa personalidade nos misturamos com o ambiente. Embora difícil, é importante conhecer a sombra e mantê-la fora do fenômeno grupal. Caso contrário, sobrecarregamos o ambiente com nossas qualidades negativas não vividas.

Na antigüidade, os gregos, os judeus e outros povos mais achavam que podiam purificar a sociedade escolhendo algumas pessoas como bode expiatório; elas eram sacrificadas ou enviadas ao deserto. Carregavam consigo a projeção de todos os pecados da comunidade. Eram a sombra. Pagavam por ela, e os demais podiam novamente sentir-se bem.

Há quem se lembre de uma festa onde o diabo entrou em cena. Com a cara cheia, alguém aprontou, falou e fez o que não devia e no dia seguinte não entende como isso aconteceu. Isso costuma ser a irrupção não apenas da sombra pessoal, mas também da grupal. O mal que essa pessoa atuou não era apenas seu, mas também alheio.

Seria então possível que um grupo grande, digamos um partido político, projetasse sua sombra coletivamente sobre outro grupo de pessoas?

Foi exatamente isso o que o partido nazista fez. Eles projetaram sua sombra especialmente sobre os judeus. Acusavam os judeus de ganância por dinheiro, de sedução sexual e degradação das mulheres, de luta pelo poder mundial – quando eram os próprios nazistas que na verdade o faziam. Eles sem dúvida tentavam conquistar o poder. O dinheiro era seu alvo prioritário (pelo dinheiro, abandonavam seus princípios) e no Nazismo a mulher não era reconhecida como ser humano. Eles degradavam as mulheres, reduzindo-as a matrizes produtoras de soldados. Portanto, pode-se dizer que aquilo de que acusavam os judeus era exatamente o que eles mesmos faziam.

No começo da guerra, Hitler disse a respeito de Churchill: "Aquele criminoso que lança um pequeno país europeu atrás de outro sob seu domínio e o arruína." Agora diga-me, quem foi que fez isso?

Esse é um ótimo exemplo do horror que pode resultar da projeção coletiva da sombra negativa, mas eu gostaria de encerrar nosso colóquio de hoje num tom positivo. Muita gente acha que os sonhos estabelecem um contato com a criatividade pessoal. Na sua experiência, será que a energia criativa não vivida pode revelar-se em sonhos como um aspecto da sombra pessoal?

Lembro-me de um homem talentoso na escrita, que devia escrever sua tese para o Instituto Jung de Zurique. Ele sonhava que animais poderosos o perseguiam, o que eu interpretava como sua criatividade querendo atingi-lo. Mas ele não a aceitava. Ele sustentava tratar-se de sexualidade. Ora, na realidade ele tinha uma namorada e uma vida sexual satisfatória, portanto eu não acreditava em sua interpretação. Mas ele não queria e não conseguia escrever, até sonhar que estava sendo perseguido por um touro. Ele corria e o touro vinha atrás, cada vez mais perto, até finalmente saltar uma cerca. O touro parou e se levantou sobre as patas traseiras. O sonhador olhou para trás e viu o pênis ereto do touro, que era uma caneta esferográfica. Aí ele disse: "Tudo bem, está certo." Então, ele escreveu uma tese excelente.

Capítulo 8

A Mãe Devoradora

Tu, que amamos, és mais cruel
do que o ódio, a fome ou a morte;
tens os olhos e o peito de uma pomba,
e aniquilas com um sopro o coração dos homens.

Charles Swinburne

A Mãe Natureza é o útero da vida. Ela dá sem cessar e sem reserva. Mas ela é também a tumba. Cruelmente ela mata e devora tudo o que vive.

A primeira mulher na experiência de um homem é sua mãe. Seu único propósito na vida é saciar sua fome, cuidar do seu corpo, prover seu conforto. Seu poder é imenso. Seus beijos aliviam a dor, seus braços o embalam no sono. Ela satisfaz suas necessidades físicas e emocionais. Essa relação entre mãe e filho é um dos mais belos mistérios da natureza. Mas a natureza é também cruel.

Ao entrar na vida adulta, o homem deve abandonar o calor do ninho da infância para poder entrar no mundo e construir o seu próprio. Psicologicamente, para tornar-se homem ele deve separar-se de sua mãe e renascer num tipo distinto de relacionamento. Se assim não for, ele poderá ser devorado pela mãe e permanecer para sempre um filho cuja capacidade de relacionamento fixou-se no pesadelo da dependência infantil e no incesto psicológico.

"Sempre tive esse pesadelo recorrente quando eu era pequena. Era terrível, realmente terrível!"

Uma vendedora em Paris

"Esta noite tive um pesadelo no qual eu era assassinada. Assassinada... Tenha dó! Acordei em prantos. Foi horrível!"

Uma senhora num mercado de Londres

"Eu tenho... tenho pesadelos e não sonhos. Pesadelos! É bom sonhar, mas gostaria que fossem sonhos e não pesadelos. Eu só tenho pesadelos."

Um motorista de ônibus em Nova York

Dra. von Franz, o que são pesadelos? Por que os temos?

Bem, pesadelos são sonhos substancialmente, vitalmente importantes. Eles nos fazem acordar gritando; são eletrochoques que a natureza aplica em nós quando quer que despertemos. A palavra *nightmare* vem de *mare* (égua) e a idéia é que um espírito mau sob a forma de um cavalo negro o carrega pela noite adentro, de forma que você acorda com um grito, completamente exausto.

O ponto do sonho em que despertamos é o choque através do qual o inconsciente diz: "Agora, é isso, preste atenção nisso!" O pesadelo é, portanto, uma verdadeira terapia de choque. A intenção é nos sacudir e arrancar de uma sonolência inconsciente a respeito de alguma situação perigosa. A ocorrência de pesadelos indica que estamos correndo algum tipo de perigo psicológico e dormindo, sem perceber. O pesadelo então nos desperta. Sua característica é uma certa urgência, como se o inconsciente dissesse: "Olhe aqui, esse problema é urgente!"

Por exemplo, pode estar atuando um *incubus*, um elemento masculino oprimindo a mulher, ou um *succubus*, um elemento feminino exaurindo a energia do homem. Sua presença indica uma urgência da problemática sexual, que deve ser cuidada e conscientizada. Não se pode colocá-la de lado e fingir que não existe.

O homem do exemplo sem dúvida desenvolveu o que denominamos uma tremenda fixação materna, o que significa ter uma imagem sublime demais da mulher. Em algum canto do seu coração há uma imagem ideal de mulher e o sonho tenta avisá-lo disso dizendo que suas fantasias sexuais sugam-lhe o sangue e acabarão destruindo-o por serem irreais.

A figura feminina no sonho desse homem é um succubus, um vampiro chupador de sangue.

O sonho começa de modo estranho: uma linda negra brasileira surge do meio da chuva e do escuro. Ela usa um longo casaco de lã – talvez verde-escuro – grosso e pesado, seu cabelo é preto e ela é muito linda. Seu casaco e seu cabelo estão empapados de chuva, mas ela não liga. Ela chega perto e pára na minha frente. Nesse momento algo me diz que eu já encontrei essa mulher antes. Na verdade, algo me faz pensar que ela é um vampiro e que não deve ser tão bela quanto parece; mas hesito e não faço nada.

Ela sorri e me chama. Mas eu resisto. Por fim, ela abre o casaco. Por baixo está usando um biquíni, e seu lindo corpo negro brilha na chuva. Fico tentado e acabo indo abraçá-la. Enfio a mão por dentro do biquíni e a acaricio. Então, olho para a boca dela e percebo que ela não tem os dois dentes da frente, o que me dá uma pista de que talvez ela realmente seja um vampiro. Mas eu não tenho certeza. Então, ela diz: "John, não quero a sua mão, quero o seu pênis. Quero que você faça amor comigo." Eu digo: "Não dá, não dá", porque se eu entrasse nessa estaria perdido. Se a penetrasse ela viraria um vampiro de verdade e eu me estreparia.

Resolvo então recuar e resistir à tentação. Dou uns passos para trás, em direção à porta da minha casa. Ela fica muito brava e, não sei como, pego uma chave de fenda para me proteger. Quero ir embora. Não a quero perto de mim e bato com a chave de fenda nos dentes dela. Nesse instante, percebo que os dentes laterais cresceram e cobrem seu lábio inferior. São presas caninas. Ela é mesmo um vampiro! Não me enganei.

Sinto ainda mais medo do que antes. Entro em casa e tento fechar a porta mas ela não tranca direito e já não sei mais se a estou trancando ou destrancando. Algo me diz que a fechadura está quebrada e de repente percebo que mesmo que tranque a porta esse vampiro pode se transformar e entrar em qualquer lugar. Não tem saída mesmo.

Sonho de um homem

Homens desse tipo não estão abertos a uma relação permanente com uma mulher. Eles sentem que estão presos, que estão sendo devorados, fixados na terra. Nesse sonho, o homem tenta se defender enfiando uma chave de fenda na boca do vampiro. Essa ferramenta (em inglês, *screwdriver*) provavelmente tem a ver com (desculpe o termo) trepar (*to screw*). Ele acha que pode escapar da mãe devoradora através do vampiro, que pode evitar sua auto-alienação neurótica trepando com um monte de mulheres. Mas não é assim que ele despotencializará o vampiro.

O sonho tenta lhe dizer que é um espírito que o assombra porque, na verdade, ele é assombrado não pela realidade, mas por uma fantasia que exaure sua energia psíquica. Sua tendência é sonhar com a vida e fantasiar a respeito dela em vez de vivê-la. É por isso que vampiros e dráculas chupam sangue. O sangue é a psique emocional e ativa em nós, a psique afetiva. Depois de sugadas pelo vampiro, as pessoas ficam sem atividade alguma. Elas simplesmente caem em sonhos passivos, nos quais buscam realizar seus desejos.

Na verdade, é isso o que caracteriza a maioria dos complexos negativos ou dissociados. Se rejeitamos ou dissociamos algum complexo da nossa psique, ele começa a drenar secretamente nossa energia pelas costas. Aos poucos, ele se transforma naquilo muito bem representado pela imagem do vampiro, algo que nos ataca durante a noite e chupa nosso sangue. A pessoa simplesmente não percebe o que está acontecendo com ela. Ela vem para a sessão de análise e diz: "Estou sem energia, já levanto deprimido. As coisas perderam o significado. Não consigo me interessar por nada." E aí se descobre que esse vampiro é um complexo que foi dissociado de modo tão radical e poderoso que só lhe resta roubar energia. Ele já não pode se manifestar de nenhum outro modo.

A senhora poderia nos dar um exemplo de como um complexo dissociado funciona na vida de uma pessoa?

Pense, por exemplo, numa freira que diz ter sacrificado seus desejos sexuais por Cristo. Ela não tem fantasias ou desejos sexuais pelos homens. Na realidade, ela apenas suprimiu sua personalidade sexual. Ou, por exemplo, há pessoas que sufocam certos dons. Elas podem ter um talento para a música, mas como a criatividade implica trabalho pesado elas decidem: "Minha musicalidade não é tanta que mereça ser trabalhada. Vou desistir do piano porque ele não me levará a nada." E com essa decisão, cortam fora a criatividade. Mas há algo nessa pessoa que quer se expressar através da música e essa energia dissociada torna-se um vampiro.

A agressividade também pode estar dissociada. Nesse caso, as pessoas simplesmente decidem que não têm afetos, que não se perturbam com nada. Os indivíduos do tipo sentimento costumam fazer isso. Eles gostam de um ambiente harmonioso, de forma que mesmo que os filhos ou cônjuges encham a paciência eles põem na cabeça que não estão com raiva, que aquilo não faz mal. Agem como se estivessem sempre perdoando mas, na verdade, como qualquer ser humano natural, estão loucos da vida. Como não querem sentir a fúria, simplesmente a cortam fora.

Poderia nos descrever as raízes de um complexo materno dissociado no inconsciente de um homem? O que faz com que o lado feminino de um homem se desenvolva de modo tão negativo?

Um complexo materno forte se desenvolve quando a mãe foi mais marcante do que o pai. Talvez, na realidade, ela nem tenha uma personalidade tão extraordinária, mas o filho pode ter ficado mais impressionado com a mãe do que com o pai, ou talvez mais ligado a ela.

Você pode ver isso numa família com vários filhos onde apenas um desenvolve um complexo materno forte. Desde o começo ele reage mais à mãe do que ao pai. Talvez ele se pareça com ela ou por alguma razão se sinta mais próximo, ficando portanto mais impressionado e influenciado por ela. Se a impressão é positiva, ele desenvolve um complexo materno positivo e vice-versa. Agora, o importante é compreender que todo homem tem um complexo materno positivo ou negativo, de modo que não há nada de patológico nisso. Trata-se apenas de uma característica, o modo de um filho reagir aos pais, que precipita sua maneira de reagir ao sexo oposto. O que temos nesse sonho é um complexo materno especialmente intenso.

Em termos pessoais, a mãe devoradora pode ser demonstrada pelo fato de que muitas mulheres são superprotetoras dos seus filhos e tentam afastá-los da vida. Elas começam sendo ansiosas: "Não faça isso, é perigoso. Não vá brincar com os meninos. Você pode cair e se machucar e levar na cabeça." Elas também têm problemas quando os rapazes começam a namorar. Aí começam a dizer: "Quero que você se case e ficarei muito feliz, mas logo *aquela ali* com quem você está saindo ... não, não, ela não é a mulher *certa* para você." Elas tentam manter os rapazes em suas presas. É assim que se manifesta a mulher que exagera suas qualidades maternais e protetoras.

Dra. von Franz, a senhora poderia nos descrever como um homem sente o complexo da mãe devoradora? Como ele sente seu lado feminino?

Em geral, como fantasias românticas, irreais, sexuais na maior parte. Isso aparece na puberdade, por exemplo, quando os jovens são muito ativos e de repente tornam-se passivos e sonhadores. É como se não estivessem presentes. Seu rendimento escolar decai e nos perguntamos: "Onde foi parar aquele jovem?" Ele está afundado até o pescoço em suas fantasias sexuais. Nessa idade, trata-se de uma transição normal, mas se um adulto entra em fantasias sexuais crônicas desse tipo, ele literalmente cai nas garras do vampiro ou da mãe devoradora. Ele perde a capacidade de tomar a própria vida nas mãos. Perde a força de vontade. Perde sua eficácia masculina e sonha acordado com mulheres e aventuras românticas, vivendo uma vida irreal.

Certa vez, atendi um homem de 43 anos que nunca havia chegado perto de uma mulher. Ele ainda vivia com a mãe. Eu lhe perguntei: "Que diabos está fazendo com sua sexualidade?" Ele sorriu de lado e não confessou, mas percebi que ele devia masturbar-se toda noite. Sonhava ter uma vida normal durante o dia, mas à noite vivia numa ilha de prazeres onde se entregava a fantásticas aventuras sexuais com lindas mulheres. Esse era o mundo de fantasia no qual havia se perdido. Numa tribo primitiva, diriam que um homem assim tinha sido enfeitiçado. Ele estava de fato enfeitiçado.

Como é que um homem cuja feminilidade está presa no complexo materno sente as mulheres no plano exterior?

Se um homem tem um vínculo íntimo demais com a mãe, especialmente se for positivo, sua tendência será de idealizar as mulheres. Em cada mulher ele vê a Beatriz de Dante, por assim dizer, ou a Virgem Maria, o que o impede de aproximar-se dela com a parte de baixo – com a sexualidade – na vida comum. Ou então sua anima é dissociada: ele admira a distância uma jovem bela, etérea, inatingível, e satisfaz seus desejos com prostitutas. Não consegue juntar as duas. Poderíamos dizer que o amor envolve esses dois elementos extremos. De um lado, um ideal romântico e espiritual; de outro, um impulso biológico pela procriação da raça, algo localizado bem no nível animal. De algum modo, esses opostos se combinam numa relação. Mas um homem que nunca se libertou da mãe não pode juntar a princesa e a prostituta.

Para um homem nessa situação, um relacionamento com uma mulher pode funcionar na medida em que é uma aventura ou um caso amoroso, preenchendo a mulher suas necessidades e fantasias. O problema começa se ele se casa com ela e ambos passam a conviver. Não há calor humano, não há possibilidade de um relacionamento humano.

Os contos de fada, através do tema da princesa presa na torre, oferecem um pano de fundo arquetípico para essa situação. Num dos mais famosos, a princesa Rapunzel é aprisionada por uma feiticeira. É a figura materna por trás dos bastidores que constela o problema. Quando isso ocorre, os amantes não podem se encontrar. Esse quadro só se alterará quando Rapunzel tiver descido da torre e o príncipe tiver vagado pelo deserto e sofrido muita miséria e dor.

Hoje em dia, ao abordar vários desses fatos psicológicos essenciais, o cinema substitui a narração de mitos e contos de fadas, tornando-se sua versão moderna. Os filmes que se referem ao mundo interior – como é o caso dos contos de fada – atraem público, porque precisamos de mitos para ter uma orientação, um certo mapeamento do mundo dos sonhos ou do inconsciente.

No passado vários mitos de vampiro fascinavam as pessoas. Essas histórias eram contadas e recontadas pelo mundo afora. Na China, por exemplo, há todo um conjunto de histórias de vampiros, nas quais um homem encontra uma raposa, que se transforma no espírito de um morto e novamente se transforma numa bela jovem. Ele vive feliz com ela até que um dia descobre que ela é um demônio maligno. Ela é um esqueleto. Às vezes, a história acaba mal. Ela o atrai para a morte, ou então, com a ajuda de magos e sacerdotes, ele consegue libertar-se. Nos Alpes suíços também temos histórias de pastores que passam o verão inteiro no alto das montanhas sem mulher alguma. À noite, um espírito de mulher – Doggeli – entra invisivelmente pela porta e monta neles, provocando sonhos molhados. De manhã eles acordam exaustos e não conseguem se mexer. Ficam por assim dizer tomados por fantasias sexuais e pela vida não vivida.

É comum os homens sentirem essa mesma perda de energia em seu relacionamento com instituições. Eles se sentem divididos entre a sensação de segurança num trabalho insatisfatório e o desejo de deixar a empresa e desenvolver fora dela sua energia criativa. Muitos permanecem, porque não conseguem sacrificar os ganhos materiais proporcionados pela corporação. Será que um homem com fixação materna transfere esse padrão de relacionamento para outros aspectos de sua vida? Poderá o complexo de mãe devoradora ser projetado numa instituição?

Sim, quando há uma instituição as pessoas tendem a infantilizar-se e a sugar o dinheiro, pedindo empréstimos e estipêndios e usando-a como mãe benevolente. Não por acaso as universidades são chamadas de *Alma Mater*, que é essa mãe. Creio que um dos elementos da mãe devoradora é o que se pode chamar de inércia. Todas as grandes instituições tendem a um certo grau de inércia. Elas não são flexíveis, são como blocos de matéria, criando situações intransponíveis; ora, homens com complexo materno sentem-se bem em situações desse tipo. De modo que a mãe, a mãe devoradora, pode ser projetada numa fábrica, numa organização, instituto, universidade ou até país. Algumas chegam a ter nomes femininos e no passado eram representadas como uma mulher gorda. A América ainda é representada assim. Mas pelo menos ela segura uma tocha. Isso ajuda um pouco.

Por acaso a senhora está sugerindo que a era da mãe está chegando ao fim? Eu tenho a impressão de que, assim como o homem que era incapaz de deixar o lar materno, estamos sendo agora forçados a abandonar a segurança dos nossos padrões tradicionais de relacionamento em busca de novos tipos de relação. Como se a humanidade estivesse atravessando um rito de iniciação. O que a senhora detecta como sendo a causa subjacente a essa reviravolta nas relações humanas?

Bem, eu diria que o sentimento de pânico provocado pela ameaça de uma guerra nuclear, aliado à súbita conscientização dos problemas ambientais, produziu uma mudança básica em nossa atitude com respeito a relacionamentos, especialmente na geração mais nova, mas creio que também na minha.

A humanidade já tem plena consciência do fato de que precisamos mudar radicalmente nosso modo de vida. Ainda há muita discussão sobre como e por que e de que forma, etc., mas creio que todos concordam que precisamos encontrar algum modo de conviver pacificamente e não destruir um ao outro através de uma guerra nuclear, e que devemos passar a lidar com a natureza de outra maneira. Ademais, temos de mudar nosso modo de vida excessivamente racional. No livro *A conspiração aquariana*, de Marilyn Ferguson, pode-se perceber o que está acontecendo conosco: por toda a parte há uma mudança paralela de atitude, que os alemães denominam *Zeitgeist*, o espírito da época.

Na História esse tipo de mudança é bem conhecido. Por exemplo, se você olhar para a arte do século XIII e a comparar com a do Renascimento, perceberá o quanto o espírito da época mudou naquelas centenas de anos. De repente, como que coletivamente, o conjunto da humanidade assumiu uma perspectiva diferente. Na arte medieval tudo se concentra no divino. Há pouca perspectiva e praticamente nenhuma paisagem. Não há representação de animais, árvores e coisas mundanas. No Renascimento, de súbito, ocorre a descoberta da natureza, do corpo humano e da perspectiva espacial. Esse é apenas um caso de mudança marcante que em retrospecto todos conhecem, mas algo análogo parece-me estar de novo constelado hoje.

É por isso que pessoas intelectualmente envolvidas não podem evitar a pergunta: "Qual a mudança do nosso tempo? Qual a nossa situação?" Sobretudo sob a ameaça de uma guerra nuclear que a todos preocupa há uma espécie de olhar desesperado para o céu: "Qual é o sentido? Como podemos mudar? O que está por vir?" Percebe-se esse tipo de ansiedade em toda parte.

Ainda vivemos numa era – no fim de uma era – na qual os opostos, Júpiter e Saturno, o bem e o mal, espírito e pulsão física instintiva, encontram-se em grande oposição. Estamos dilacerados pelos opostos, o que em termos políticos equivale à possibilidade de uma guerra a qualquer instante. De um lado da Cortina de Ferro rege um princípio cristão, do outro, um anticristão; ela por assim dizer divide Júpiter e Saturno. Essa é apenas a imagem terrena do que ocorre num nível muito mais profundo na psique de cada ser humano.

Capítulo 9

A Morte do Dragão

A obra de Cristo inteira a esta Vênus não domina
e mais sua boca enrubesce com sangue de homem
a sugar por entre os dentes a seiva das veias
empoando de morte seus pequenos e tenros lábios –
beleza amarga, boca de pérolas venenosas...

Charles Swinburne

O dragão que deve ser morto é o complexo materno negativo. O dragão devorador é a mãe devoradora e a violência do confronto é proporcional ao domínio tirânico da mãe, um domínio que suga a energia do filho.

Quando o complexo materno é superado, o homem está livre para desenvolver o lado feminino da sua personalidade. Jung chamou a esse lado de "anima", que em latim quer dizer "alma". Ela anima a vida e conecta o homem às camadas mais profundas do seu ser. Mas como sua feminilidade inicialmente é identificada com a mãe, é essencial para o crescimento psíquico que essa identificação seja rompida e que a anima seja separada da mãe. Quando tal separação ocorre, o filho é capaz de estabelecer um relacionamento maduro com uma mulher, no qual ela não seja nem idealizada, nem degradada.

"Ela vagarosamente se aproximou e sentou-se ao meu lado, entende? Nesse instante me dei conta da presença dela, porque dava para sentir sua perna molhada encostada na minha."

Um estudante

"À direita, na janela, estava uma jovem de uns vinte e poucos anos. Seus cabelos eram longos e cor de rato, gordurosos e ... quase mortos. Seu rosto também era morto. Ela ficou sentada na rua, sem olhar para nada."

Um coreógrafo

"Por fim ela abriu o casaco. Por baixo, usava um biquíni e seu lindo corpo negro brilhava na chuva."

Homem de negócios inglês

"Sim, nos meus sonhos tenho uma mulher. Bronzeada, loira de olhos azuis – uma típica garota da Califórnia. É por isso que estou aqui."

Um estudante australiano

"Sim, eu sonho, e sempre sonhos molhados!"

Garoto carregador no mercado de Londres

"Êpa, ela tem a altura certa, é linda e tem as medidas perfeitas. Supersaudável!"

Um vendedor

"Sonhos? Os meus são ótimos. Em geral sobre sexo. Quase sempre se realizam. Sabe como é, sonho com minhas garotas."

Um jovem parisiense

"Os sonhos normais de um homem têm a ver com sua mulher, certo? Isso é absolutamente normal."

Um comerciante suíço

"Não, não, ainda não a vi em sonhos. Mas continuo procurando."

Um motorista de ônibus

Dra. von Franz, um dos mais famosos matadores de dragões foi Édipo, o rei da antiga Tebas. O mito de Édipo já faz parte do nosso vocabulário cotidiano. Como é que ele superou seu complexo materno?

O mito de Édipo é algo muito complicado, a despeito do que digam os freudianos, e na verdade não pode ser encarado fora do contexto da cultura grega. Na tradição grega, um homem tinha que superar o demônio materno. No mito, esse confronto ocorre quando Édipo deve responder ao enigma da esfinge, sendo esta uma figura de mãe devoradora. Ele o fez com uma resposta sagaz e intelectual.

Essa é uma das maneiras de certos homens escaparem à mãe devoradora. Eles não matam o dragão, mas o sobrepujam pela inteligência. Constroem uma espécie de mundo mental masculino só seu onde as mães não os seguem. Atualmente, poderiam ser homens que estudam física teórica e se tornam muito inteligentes. Na Grécia, esse escape pela via intelectual ou científica era feito pela sociedade que se reunia em torno de Sócrates e Platão: um grupo puramente masculino de filósofos e cientistas que vivia entre si. Sabemos que eram em grande parte homossexuais e que Sócrates, por sua vez, absolutamente não se dava com Xantipa, sua mulher – teve um casamento infeliz.

Em outras palavras, no mito de Édipo, o problema do feminino e a separação da mãe só são aparentemente resolvidos. Fica faltando um turno na batalha contra a grande mãe. É isso o que o mito espelha. Édipo acredita ter resolvido o enigma da esfinge e contente se vai, achando que lhe passou a perna. Mas é uma ilusão. Com sua atitude de bruxa maléfica ela o engana, fingindo cometer suicídio. "Muito bem", pensa ele. "Consegui vencer a mãe com os poderes da mente." Mas ele se ilude: acaba casando com a própria mãe e em decorrência sofre a divina punição que se abate sobre os que cometem incesto. Esse mito, portanto, mostra que uma superação masculina e intelectual dos poderes devoradores do inconsciente não basta. A superação decorre da maneira de viver, não de pensar.

Por exemplo, uma vez ouvi o sonho de um jovem que ainda vivia com a mãe. Ele tinha 29 anos e nunca tinha recebido uma garota em seu quarto. Discutimos seriamente a possibilidade de ele arranjar um outro lugar para morar. Ele ficou apavorado. Era um rapaz sensível e delicado, enquanto sua mãe tinha uma personalidade forte e brutal; ele morria de medo do momento em que teria de dizer a ela: "Olhe aqui, vou arrumar um canto para mim e não vou mais viver com você." No momento em que tentava se decidir, ele sonhou que devia matar um dragão. Embora dar uma notícia dessas à mãe possa nos parecer pouco, para *ele* isso era matar o dragão. Era superar uma monstruosa dificuldade neurótica dentro dele. Tratava-se do complexo materno como um todo – não apenas de viver a cena com sua mãe, mas também superar a inércia e a ansiedade do seu próprio complexo. Sua mãe havia semeado nele o medo da vida e a ansiedade. Ele tinha que superar esse terrível medo para dar aquele passo.

E isso é um tema arquetípico no mundo todo. O jovem deve realizar o ato heróico de matar a mãe, ou o dragão materno, ou o demônio materno, que é sua letargia, ou ansiedade, ou medo de viver uma vida de homem. E de nada serve ao jovem apenas compreender que ele tem um complexo materno e que os seus sintomas neuróticos provêm do vínculo com a mãe. Ele precisa de fato arrumar um lugar para si e agüentar a batalha.

É preciso ele compreender por que tem que arrumar um lugar para si?

Certamente, senão na primeira ocasião em que ficar sem dinheiro ele volta para a mãe. Talvez no primeiro quarto que alugue dê de cara com uma proprietária desagradável e acabe correndo de volta para casa. É essencial ele compreender por que se separa da mãe e que não se trata apenas de uma mudança técnica de vida.

Muitas sociedades tinham rituais que ajudavam os meninos a se separarem das mães e a penetrarem no mundo dos homens. Poderia nos descrever alguns desses ritos de passagem? Quais eram suas funções?

Se observarmos nossas próprias vidas, veremos que o amadurecimento não é um processo gradual – ele se dá aos saltos. Pense, por exemplo, no tremendo pulo da infância para a idade adulta que ocorre na puberdade. O despertar da sexualidade, ao lado da busca religiosa e das indagações filosóficas. De repente, a criança pergunta: "Qual é o sentido da vida? Deus existe?", e assim por diante. Ninguém faz perguntas filosóficas tão profundas como os jovens na puberdade. Nessa idade, essas são questões espirituais candentes. Ao mesmo tempo, descobrem sua sexualidade e experimentam todas as fantasias que a acompanham.

Outro grande passo, para as mulheres, ocorre na menopausa, quando uma enorme mudança psicológica exige uma readaptação à vida. Não tão visível, mas atualmente já reconhecida, é a crise da meia-idade que afeta os homens. Comumente, ela se transforma em crise conjugal. Percebe-se assim que não crescemos e envelhecemos aos poucos: a vida evolui através de rápidas e cruciais transições.

Caso haja uma disposição neurótica, ou alguma outra doença mental, esta em geral se manifesta nesses momentos de transição. A personalidade é então dissociada, ou então adoece psiquicamente. Como esse fato foi observado até mesmo pelo homem original, nas sociedades primitivas todas as grandes transições da vida eram acompanhadas pelos assim chamados ritos de passagem, de transição, que ajudavam a pessoa a atravessar o limiar.

O rito fúnebre é um desses grandes rituais. Os atos simbólicos destinam-se a ajudar o falecido a partir da Terra para o além e os sobreviventes a restabelecerem seu equilíbrio psíquico. Na verdade, o ritual tem uma função terapêutica: protege o indivíduo das perigosas invasões do inconsciente. Falamos há pouco de quão perigoso pode ser o mundo inconsciente das fantasias, pois ele pode nos arrancar da adaptação à realidade. Os rituais oferecem uma proteção. Ao dramatizar um sonho coletivo, impedimos que fantasias inconscientes invadam nossa vida pessoal. Por exemplo, uma mulher perde o marido, o luto se prolonga e ela cai em depressão profunda. O ritual fúnebre a consola e a ajuda a restabelecer seu papel na vida. É por isso que nas sociedades primitivas esses ritos costumam terminar numa grande festa, com muito sexo e bebida. Os que participam do ritual professam uma afirmação da vida, como quem diz: "Agora passou e queremos voltar a viver."

Todos os rituais humanos são portanto gestos de cura. Trata-se de desempenhos simbólicos que curam as feridas psíquicas e nos ajudam a efetivar as grandes transições da vida. Mas nossas atividades missionárias, ao lado da perda dos rituais cristãos, destruíram os rituais, de modo que o homem moderno está cada vez mais perdido quando enfrenta situações cruciais como a morte de um parente, a entrada na vida adulta ou o casamento. Esses são atualmente os momentos em que a pessoa fica neurótica, ou entra em crise – não consegue dar o passo. Nesses momentos, os sonhos podem ajudar muito. Com freqüência, observa-se que os sonhos de cura, os sonhos positivos, como que substituem o ritual. Eles nos dizem aquilo que precisamos saber. Por exemplo, alguém que não tenha sido confortado por um funeral significativo na perda de um amigo poderá sonhar que está com ele numa grande festa. A observação dos sonhos nos faz retornar à fonte psíquica original de onde brota o ritual.

Ora, as sociedades ditas primitivas possuem muitos desses rituais. O mais famoso, estudado especialmente pelos etnólogos, é o de iniciação, no qual os jovens rapazes são iniciados nos segredos da lei tribal e até mesmo da sexualidade. Eles devem abandonar a mãe e sua casa, ficam reclusos no mato; são simbolicamente devorados por um monstro materno; renascem; suportam, em geral, uma boa dose de tortura. Às vezes, são sexualmente possuídos pelos homens adultos, com a idéia de que assim receberão sua masculinidade. Ao mesmo tempo, são instruídos nas leis secretas da tribo e nas suas tradições religiosas. Depois de atravessar todo esse ritual de transição, o jovem torna-se membro pleno da tribo. É um homem. Em algumas tribos, aquele que por medo ou alguma outra razão não é iniciado passa a ser chamado de animal. Eles então dizem: "Ele não foi iniciado, é um animal", dando a entender que ele ainda está com a mãe. O infeliz permanece numa condição inconsciente animal, pois não deu o passo necessário para tornar-se um ser humano.

Haverá sociedades que não têm ritos de iniciação, nas quais o homem não rompe o relacionamento dependente com a mãe?

Bem, não há muitos matriarcados no sentido sociológico. Mas certa vez li um livro sobre uma tribo indígena da América do Sul na qual realmente havia um matriarcado sociológico (não religioso). As mulheres eram matronas gordas e satisfeitas que comandavam os homens; estes eram criaturas magras, submissas e nervosas que plantavam nas roças e faziam todo o trabalho para elas. Do lado positivo, nessa sociedade havia abundância e gratificação sexual; mas do lado negativo, não havia a menor manifestação de espírito. Tratava-se de um mundo onde imperava uma estupidez total, onde apenas se vivia; vida agradável, mas desprovida de pensamento, sem idéia alguma de realização espiritual. Os homens, por conseguinte, eram pobres criaturas submissas e infelizes.

Lembro-me agora de um artigo que li há pouco tempo, no qual um jornalista americano ironicamente descrevia a sociedade americana de modo bastante análogo. Dizia ele que ela produz homens e mulheres com sinais trocados.

Há um certo perigo de caminharmos nessa direção e acabarmos como essa tribo. Mas em geral essas tendências se equilibram. Surgirá outra geração de homens que, num protesto masculino, colocará as coisas numa posição intermediária – ou *tentará* fazê-lo. O ideal parece ser que nenhum dos sexos domine o outro, numa espécie de relacionamento igualitário. Um equilíbrio entre os opostos.

Esse mesmo equilíbrio de forças é o que o inconsciente busca na psique individual. O sonho a seguir ilustra o tremendo poder do complexo materno e a luta travada pelo homem para libertar a anima dos negros maus humores da mãe devoradora.

"Era um dia quente de verão e eu passeava com uma negra lindíssima numa ondulante campina que margeava uma floresta. Nós éramos velhos conhecidos e eu a chamava de minha *deusa*. Era o apelido que lhe dava.

De repente ela parou e disse: "Tenho um problema." Não compreendi, mas em vez de me dizer com palavras ela soltou a alça do vestido e desnudou o ombro. A pele negra do ombro descascava no ponto em que ficara exposta ao sol e sob esta havia outra, branco-dourada. Ela olhou para mim e disse: "Se eu ficar com você, isso vai acontecer no meu corpo inteiro. Tenho que falar com minha mãe e lhe perguntar o que devo fazer."

Continuamos a andar e, ao nos aproximarmos de alguns implementos agrícolas, dois negros saíram correndo da floresta, dizendo aos berros que iam levá-la de volta para a aldeia deles.

Eu disse: "Mas que inferno, prefiro morrer do que permitir que isso aconteça. Vocês não vão levá-la de volta."

Começamos a lutar e quando acordei eu estava vencendo e sabia que seria o vencedor."

Sonho de um homem

A transformação dessa bela negra num dia quente de verão traz à mente uma tradição muito antiga. O *Cântico dos Cânticos* principia assim: "Sou negra, porém bela, ó filhas de Israel." Aí temos a negra Sulamita que mais tarde se transforma, segundo a tradição medieval, numa mulher branca. Cristo, seu noivo, a redime e a transforma. Esse tema também teve um papel importante na lenda da rainha de Sabá, que é a ancestral dos reis etíopes. Ela é uma negra que veio ao encontro de Salomão e foi identificada com a Sulamita do *Cântico*. Uma mulher negra amada por um homem branco. O branco que encontra a negra e a transforma em branca sempre fascinou a mitologia ocidental.

O mesmo tema existe na lenda do Graal, no casamento de Gamuret e Belacane. Seu filho é Feirefis, o melhor amigo e meio-irmão de Parsifal. Ele é malhado de branco e preto, uma mistura dos opostos luz e sombra.

Na tradição alquímica, a transformação da Sulamita ou rainha de Sabá também tem um papel destacado. Uma das fantasias recorrentes dos alquimistas era a de que a matéria que pretendiam transformar em ouro era inicialmente negra. Eles a comparavam a uma mulher negra que se despe de sua pele ou de suas vestes escuras e se transforma em ouro puro. Note que nesse sonho a pele da mulher é branco-dourada sob o negro.

As vestes negras representam um traço típico da figura interior subdesenvolvida da anima. Assim como veremos que o animus na mulher é às vezes destrutivo e negativo, a anima negra é relativamente negativa no homem. Ela indica que sua capacidade de amar é basicamente auto-erótica. Um homem que não desenvolveu a anima, seu lado feminino, em geral é narcisista. É isso que uma mulher com pesar sente quando um homem mia como um gato diante da sua janela. Na verdade, ele ama sua própria fantasia. Ele ama o fato de estar amando, mas isso está longe de aprender a amá-la de fato. Na literatura é comum a figura do jovem que descobre a experiência do amor mas é auto-erótico. É uma fantasia, a partir da qual, através de um doloroso sofrimento, ele deve aprender a amar a mulher, não enquanto objeto de suas fantasias românticas, mas como parceira humana.

A pele descascada da mulher negra e sua transformação em anima branco-dourada é a metamorfose da capacidade de um homem amar, passando seu Eros de um estado primitivo de fantasia auto-erótica para uma verdadeira capacidade humana de amar.

Mal essa transformação ocorre, ele é atacado por primitivos que querem que a mulher permaneça negra e fique com seus semelhantes na aldeia na floresta – o que significa que o sonhador perderia o contato com ela. Isso mostra o poder regressivo do complexo materno. Ele tem uma forte tendência primitiva a cair de novo na velha atitude. Mas no fim consegue evitá-la.

Já foi dito que em nossa sociedade a mulher que mais precisa de liberação é aquela no interior dos homens. Eu já sonhei com todos os tipos de mulher: novas e velhas, magras e gordas, virgens e prostitutas, feias e bonitas... minha irmã, minha mãe. Já sonhei inclusive consigo. Como pode um homem entender essa profusão de formas assumida por sua feminilidade nos sonhos?

A anima passa por vários estágios e abarca um amplo leque de fatos psicológicos. Jung disse que há quatro imagens principais da anima: Eva, Helena, Maria e Sofia, a sabedoria de Deus.

Eva seria a mulher biológica; quando aparece como anima de um homem ela implica sexo biológico, atração física, maternidade, a imagem comum de mulher atraente. Helena está num estágio mais elevado. Ela representa a *hetaira* dos gregos, ou a gueixa: mulheres cultivadas com quem se pode ter não apenas uma aventura sexual, mas também falar de poesia e filosofia. Ela seria a companheira espiritual – sem excluir sexo romântico. O próximo estágio é o da figura da anima no Cristianismo. Ela é a Virgem Maria, forma suprema de espiritualidade, mas unilateralmente elevada demais. Falta-lhe o lado escuro, o lado Eva das mulheres, o lado terreno e sombrio, mais biológico, mais amplo, mais natural da anima. Ela é um pouco elevada e idealizada demais. Portanto, o quarto estágio, a sabedoria de Deus, como Jung notava sorrindo, é uma descida, porque a sabedoria não é uma espiritualidade tão virtuosa assim. A sabedoria está mais perto da vida. Ela está presente quando um homem sabe como amar as mulheres e como se relacionar com elas; ao mesmo tempo, tem uma sabedoria que o protege do seu lado devorador. A forma mais elevada de amor não deixa de ter um grão de sal.

O que a senhora quer dizer com isso?

Não digo.

Psicologicamente, como a senhora explica o amor?

Recuso-me terminantemente a explicar isso! Está acima de mim.

Capítulo 10

Ver através da Lua

"... Ao lado desta imagem eu gostaria de colocar o espetáculo do céu noturno estrelado, pois o único equivalente do universo interior é o universo exterior; e, assim como atinjo este mundo através do corpo, atinjo aquele através da psique."

C.G. Jung

No decorrer da história os homens projetaram a mulher interior, a anima, na natureza. Mas dentre todas as várias manifestações da natureza que receberam essa projeção, aquela que até hoje conserva a numinosidade é a Lua.

A Lua

E como esguia e pálida senhora agonizante
a cambalear envolta em véu de gaze
levada de seu quarto pelas doidas
e débeis peregrinações de sua mente minguante,
surge a Lua no sombrio nascente,
um corpo todo disforme e branco.

Estarás pálida de cansaço
de ascender ao céu e contemplar a Terra,
vagando sem companhia
entre estrelas nascidas de outro modo
e para sempre mutante, como olho triste
sem objeto que valha a permanência?

Percy Bysshe Shelley

A Lua também simboliza a natureza feminina de um homem nesses sonhos de um professor universitário:

"Alguns dias atrás tive um sonho de que me recordo muito bem. Eu passeava de carro com uma jovem. No começo do sonho, ela parecia uma pessoa que conheço, uma ex-aluna. No meio do sonho, havia uma parte em que eu podia olhar através do teto do carro. Era noite e eu via a abóbada celeste com muita clareza. As estrelas pareciam próximas. Eu as via não como pontos de luz, mas como esferas, esferas sólidas, e era possível perceber detalhes como os anéis de Saturno e Júpiter, que normalmente não se vêem. Lembro-me que no próprio sonho eu ficava muito impressionado. Lembro também que eu dizia à minha companheira que seria uma linda noite para se dar um passeio."

Professor universitário

Quando o sonho começa, esse senhor está dirigindo à noite acompanhado de uma mulher. Portanto, ele não está em casa; não está em seu ambiente profissional na universidade; não está num bar com amigos; ele está andando de carro à noite com uma mulher. Poderíamos perguntar-lhe: "Como uma pessoa se sente numa situação dessa?" Essa é uma situação em que a pessoa se descontrai, deixa de lado as preocupações cotidianas e se sente próxima da natureza. Fica-se aberto para ver algo novo. O que mais ele possa ter em mente depende do seu relacionamento com a companheira. A cena sugere uma situação positiva de relacionamento, em contraste com trabalho intelectual ou diversão social.

É noite. À noite ficamos mais abertos, mais românticos, mais reflexivos, porque nossa atenção não é desviada por telefonemas e coisas do gênero. É um momento de reflexão descontraída, no qual os sentimentos e os aspectos reprimidos da personalidade vêm à tona. Daí ele olha para o céu. O céu sempre foi uma das visões mais fascinantes para o homem e em épocas passadas as estrelas eram figuras divinas, eram deuses. Até mesmo os bosquímanos no deserto de Kalahari vêem nas constelações celestes o Grande Caçador ou o Grande Deus. Segundo os mitos, é do reino das estrelas que nossa alma vem e para lá retorna após a morte.

Pense na história da astrologia, que se expandiu não só pelo Ocidente, mas também na Índia, na China e em todas as civilizações mais elevadas. Todas têm suas tradições astrológicas. Os astros permitem que se prognostique o futuro não apenas de um indivíduo, mas da humanidade inteira. Na China, todo um grupo de astrólogos observava o céu dia e noite e relatava ao imperador os sinais percebidos, que eram interpretados no que se referia ao império chinês. Analogamente, na antiguidade, tudo era visto no céu.

Dra. von Franz, a senhora acha que há uma relação entre a constelação dos astros e o destino de indivíduos ou mesmo da humanidade?

As constelações no céu representam as constelações por trás dos grandes eventos históricos, como se na profundeza do inconsciente não estivéssemos isolados, mas de algum modo ligados ao conjunto da humanidade, que sonha um sonho ininterrupto. É isso que explica as mudanças políticas e religiosas.

Se você pensar por um momento o quanto a situação da humanidade mudou nos últimos trinta anos, perceberá a rapidez dessas grandes mudanças coletivas. Naturalmente, seres humanos inteligentes refletem sobre os processos mais profundos por trás dos eventos históricos externos. Olhar para o céu pode assim ser entendido como o sonhador olhando para as constelações mais profundas não só da sua própria vida, mas também da nossa sociedade. A palavra constelação vem de *stella* e portanto significa proximidade de estrelas, a humanidade junto com as estrelas.

Ele precisa de orientação: "Onde estou nesta altura da vida? Qual é a minha missão?" Então ele olha para o céu e vê as belas constelações de planetas, especialmente Júpiter e Saturno, bem próximos um do outro. Ora, a conjunção de Júpiter e Saturno tem uma longa história. Ela ocorreu vinte vezes na época do nascimento de Cristo; com efeito, sete anos antes de Cristo nascer, segundo a tradição histórica.

Saturno, como se sabe, é um agente maligno. Os escorpiões, as serpentes, os asnos, etc., pertencem a seu reino. Ele é um espírito obscuro e destrutivo. Júpiter, por outro lado, é em geral a estrela dos reis, do Rei da Justiça, da expansão no mundo, da magnanimidade e todas as qualidades positivas de uma personalidade com realeza. Considera-se que o Cristianismo surgiu num tempo em que se aproximavam esses contrastes extremos, o obscuro e o luminoso, o corpo e o espírito. Tudo estava cindido em oposições e conflitos. A idéia central era de que a era do Cristianismo se caracterizaria inicialmente pela dominação de Cristo, o espírito jupiteriano, e depois pelo anticristo, o espírito saturnino.

A combinação de Saturno com a Lua (que veremos no próximo sonho) era tida como prenúncio de uma época de revolução, inquietações religiosas e mudanças. Assim, quando o sonhador procura a constelação do momento vivido e também da sua vida, o sonho lhe diz que há uma combinação de opostos extremos. Trata-se de um momento de mudança, no qual forças destrutivas e construtivas estão consteladas simultaneamente.

No sonho, ele está impressionado apenas pela beleza da cena noturna e propõe-se deixar o carro e dar um passeio. Trata-se de um grande passo adiante, pois ele deixa o carro, deixa seu modo mecânico de mover-se pela vida. A pé você desacelera e intensifica o contato com a natureza. Você anda passo a passo; sente o lugar, a terra, as árvores e o ar ao seu redor. É essa a mudança positiva que resulta dessa visão do céu.

Essa idéia de encontrar orientação no céu noturno repete-se em seu segundo sonho na mesma noite.

"Eu estava no jardim da casa dos meus pais em Dover, Inglaterra, olhando para o céu noturno. Dava para ver a Lua. Era uma Lua crescente, sob a qual se agrupavam três estrelas muito brilhantes, que mais ou menos acompanhavam sua curva. Essa configuração me parecia algo fora do comum. Como eu queria ver mais de perto, olhei através de um jogo de lentes (acho que tinha uma lente na mão). Vi que a Lua estava cheia, mas mesmo assim, por trás dela, as três estrelas ainda eram visíveis, apesar da substância da Lua.

Continuando a olhar, vi a Lua dividida: dava para perceber o crescente e continuando a linha curva, a forma-fantasma da Lua cheia – mas as duas partes tinham substância e eram perfeitamente equilibradas. No próprio sonho, achei que essa divisão da Lua era algum tipo de símbolo Yin/Yang..."

Na tradição histórica, a Lua sempre foi encarada como o regente do mundo transitório e mutável. Havia também as constelações eternas, masculinas, o mundo das idéias platônicas, por assim dizer, no qual nada mudava; ou só mudava através de longos processos históricos. Mas a Lua era uma constelação feminina, em perpétua mudança. Ela regia a menstruação, o nascimento, a morte, os animais, as marés e assim por diante.

Pode-se dizer que a proeminência da Lua neste sonho reflete uma situação coletiva, ou seja, a aproximação do arquétipo feminino. Uma característica típica da nossa época é a emergência de um forte elemento feminino. Este pode ser visto tanto na liberação feminina como na psicologia masculina. O sonho o indica pelo fato de que agora a Lua é dominante.

E as três estrelas que brilham através da Lua?

Eu diria que as três estrelas representam a Trindade cristã, três poderes divinos masculinos dos quais o quarto elemento, a Lua – o feminino – foi excluído. Na medida em que a tradição cristã caracteriza-se por ser puramente patriarcal e de orientação espiritual, ela não inclui o feminino, a Terra, o corpo – o elemento que agora vem à tona.

Em seguida, o sonhador olha melhor e vê que as três estrelas estão atrás da Lua, como se tivessem desaparecido ou por ela sido encobertas. Entretanto, elas ainda brilham. A questão é tão-somente que agora a Lua está na frente. Isso quer dizer que o feminino atualmente passa para a dianteira. A Trindade Cristã não é eclipsada, mas deve retroceder para a linha de fundo por trás do princípio feminino da Lua. Quando nova ou quase eclipsada, a Lua fica muito próxima do Sol, o que significa que o princípio feminino que agora emerge não deve dominar como anteriormente o fez o masculino, mas sim tentar estar em conexão com este, uma *conjunção* do Sol e da Lua.

No sonho, o contorno da Lua cheia e a linha divisória que indica onde exatamente a Lua crescente brilha é associado ao símbolo de Yin/Yang, o conhecido símbolo do jogo dos opostos na filosofia taoísta. Nesse caso, o lado escuro seria o dominante, embora esteja prestes a entrar na área iluminada. Isso seria, digamos, o momento crucial em que o lado sombrio, que esteve dominante em nossa época, começa a ceder espaço para uma nova luz.

> "Nesse ponto do sonho, entrei em casa e senti que eu era de novo uma criança. Eu me encontrava só na casa e me preocupava se a porta estava bem fechada.
>
> Percebi que algo acontecia nos fundos da casa. Meu pai estava descarregando algum tipo de material de um caminhão. Era areia..."

Para esse tipo de homem, um intelectual, as esferas da vida cotidiana – cozinhar, costurar, cuidar da cozinha, do dinheiro, etc. – são um fardo pesado e a areia em geral é associada a falta de sentido, esterilidade, coisas mundanas. Desse modo, para ele, até agora, a Terra não faz sentido e é estéril, uma chateação – digamos – que ele arrasta mas gostaria de evitar. Este foi provavelmente o problema do pai dele e agora é o dele mesmo. É como se o sonho dissesse: "O problema do seu pai agora está com você. Você tem o mesmo problema."

Seu pai descarrega areia de um caminhão. Isso indica que mais areia está por vir. Os montes de coisas terrenas com as quais terá que lidar acumular-se-ão. A razão disso é que a Lua agora domina a cena. Agora o que importa é o feminino, o mundo cambiável do corpo. Agora ele tem que cuidar da própria vida física.

> "A cena mudou de novo, e desta vez eu estava numa espécie de foguete ou nave espacial muito alto no céu. Estratosfera é o que me vem à mente. Encontrava-me deitado na nave e sentia-me aprisionado, porque meus dois polegares estavam presos em argolas. Eu estava sozinho na espaçonave, mas tinha a sensação de que meu pai também estava lá, apesar de não haver comunicação explícita entre nós.
>
> Durante o vôo, outras naves e foguetes similares chegavam perto, assustadoramente perto de nós, mas nunca nos atingiam. Aparentemente, não havia perigo de colisão. Daí fiquei com muito medo, mas não era capaz de identificar o problema. Havia uma sensação física que me afetava. Pensei que talvez fosse fome ou sede, mas não parecia ser isso – no fim decidi que era a extrema rarificação do ar. Era difícil respirar. Eu sabia que devia abandonar a nave espacial e voltar à Terra."
>
> *Sonho de um homem*

A situação no sonho tem a ver com o fato de que o sonhador é um professor universitário, obviamente dono de uma mente ampla e brilhante. Trata-se de alguém que não liga para pequenas coisas e vai direto à essência do problema em seu campo de literatura moderna. Mas ele está terrivelmente confinado na nave espacial; seus polegares, em particular, estão amarrados. Ele mal pode se mover e de repente se sente tremendamente desconfortável.

O polegar, se você pensar naquele personagem dos contos de fada, o Pequeno Polegar, é o anão dos dedos e tem a ver com criatividade, com fantasia criativa. Até o presente o sonhador certamente confinou sua própria criatividade. Talvez ele devesse tornar-se um escritor em vez de estudar a produção alheia, ou de alguma outra forma realizar algo mais criativo em termos artísticos.

O Pequeno Polegar é também o *trickster*, um espírito que goza sua liberdade e aplica seus truques no mundo burguês dominante. Esse lado *trickster*, travesso e criativo da sua personalidade foi de todo confinado, provavelmente devido à sua situação profissional, e deveria agora ser libertado.

Assim, ele repentinamente se dá conta de que está confinado em seu mundo intelectual, que o ar elevado dos círculos universitários é muito rarefeito para ser respirado e que sua criatividade está prejudicada. A imagem positiva que recebe do sonho está em sua última frase. A última frase é sempre a solução, se houver alguma. Ele percebe que deve descer para o chão, deve deixar a nave espacial e voltar para a Terra.

Como é que o sonho se refere tanto à psique única e individual do sonhador, como ao problema coletivo muito mais amplo do princípio feminino na época atual?

De início o sonho responde a perguntas que ele deve ter feito conscientemente, questões profundas: "Qual é a atual situação? Em que tipo de época estamos vivendo?" Interessado que é em literatura, com certeza ele se preocupa com esses problemas porque a literatura moderna como um todo só repete essas questões. Uma vez que os poetas sempre foram profetas, há um anseio secreto de procurar na literatura os sinais do tempo. O sonho lida com isso, responde a isso e só na última parte volta à sua situação de vida. O sonho faz uma incursão na situação atual e diz que o feminino – o corpo, o mundo material, terreno, mutável – vem se tornando importante, devendo ser cuidado com amor. A partir daí o sonho focaliza seu lado pessoal: "Quanto a você, isso significa que deve sair da nave espacial e voltar para a Terra."

Há um paralelo entre esse sonho e o de Gilgamesh, que vimos antes. Poderíamos dizer que esse sonhador moderno enfrenta uma situação vital análoga à de Gilgamesh?

Assim como Gilgamesh, este sonhador moderno também se encontra numa situação em que a primeira metade da vida já foi vivida e agora ele procura orientação no céu. A primeira coisa que vê é a conjunção de Júpiter e Saturno. Isso lhe diz que ele pertence à era dos opostos extremos e que Saturno, o homem animal, e Júpiter, o homem espiritual, estão em oposição, como de fato estão no Cristianismo.

Em seguida, no segundo sonho, ele vê a Lua, o princípio feminino, e depois repentinamente se dá conta de que está numa nave espacial e deve descer para a Terra. Podemos dizer que essa tomada de consciência no final do sonho – de que deve descer para a Terra – é exatamente o que Gilgamesh teve de perceber depois que a estrela caiu sobre ele. Quer dizer, ele precisou tomar consciência do homem terreno e tornar-se amigo daquele que, na épica, primeiro o atacou. Eles travaram uma batalha antes de se tornarem amigos e participarem juntos em sua jornada heróica. Podemos, portanto, esperar que este sonhador tenha agora que encontrar o homem terreno a que faz alusão a figura do pai carregando um saco de areia. Esse saco é a carga de tarefas terrenas e de existência corpórea que o sonhador deve integrar em sua vida para poder prosseguir e cumprir seu destino.

Seu destino tem a ver com a integração do princípio feminino, a Lua. Isso já difere do que ocorre na épica. Naquela época, o mundo matriarcal da inconsciência devia ser vencido pelo herói. Hoje em dia, cerca de quatro mil anos depois, a situação se inverte. O princípio feminino deve ser não vencido, mas integrado. Mas em ambas as situações, o aparecimento da estrela tem a ver com a tentativa de perceber o significado único da importância do indivíduo no cosmos.

Não passamos de um grão de pó em algum canto do universo. Se encararmos nossa vida através de padrões científicos e coletivos, ela é totalmente transitória e nada significa. Mas se olharmos para dentro, assim como olhamos para as estrelas, poderemos perceber que, no interior da diversidade cósmica, temos uma missão única a realizar, que é o que chamamos de sentido da nossa vida.

Capítulo 11

A Noiva Interior

"A anima é a força motriz, a instigadora de mudanças, cujo fascínio impele, atrai e encoraja os homens a todas as aventuras da alma e do espírito, da ação e da criação no mundo interior ou exterior."

Erich Neumann
A Grande Mãe

A anima, em sua forma desenvolvida, atua como mediadora entre o ego dos homens e o Self. Ela estabelece uma conexão com a fonte do seu ser. Os sonhos a seguir mostram esse componente feminino da psique masculina transformando-se no vínculo que conecta o sonhador à fonte de vida.

"No começo do sonho, uma peça era ensaiada numa igreja nos tempos atuais e duas atrizes pregavam o personagem de Cristo na cruz. A cruz jazia no átrio da igreja e eu podia ouvir o terrível som do martelo sobre os cravos. Mas, não sei como, elas estavam apenas prendendo a pessoa na cruz, e não pregando. Quando terminaram, ergueram a cruz e o crucificado ficava bem elevado. Era muito perigoso para aquela pessoa.

Daí começou a verdadeira representação na igreja. O ator que representa Cristo entra solenemente pela nave e, para minha surpresa, é uma mulher. Como se não bastasse, é minha mulher, embora não minha esposa na realidade. Ela veste uma simples túnica cinza presa no ombro por um broche e está grávida. A cena da crucificação é repassada como no ensaio e ela é erguida bem alto. É muito tocante, é magnífico.

Daí a cena muda de novo. A peça acabou e estamos indo para casa. Olho para minha mulher, que caminha à minha esquerda. Seu cabelo é curto e ela é magra como um menino, apesar da gravidez. Ocorreu-me depois que ela lembrava a atriz Jean Seberg no filme *Joana d'Arc*. Olhando para ela, fico cheio de orgulho e de amor. Mas... não lhe digo nada disso. Guardo só para mim. Aí o sonho acaba."

Sonho de um homem

Primeiro devemos observar o fato de que o personagem central do sonho é a esposa grávida do sonhador, mas não a esposa de fato. Trata-se de uma figura que ele associa a Joana d'Arc. Se alguém sonha com um marido ou mulher que não se assemelham aos parceiros reais, trata-se então da esposa interior, ou do marido interior. Isto é, a principal figura de anima ou animus com a qual a pessoa está, por assim dizer, sempre casada interiormente: é o casamento interior.

No começo do sonho, há uma espécie de teatro religioso no qual é encenada a crucificação de Cristo. Um pouco perigoso, porque a cruz está muito elevada, mas no fundo é apenas uma encenação. Isso espelha com exatidão a situação religiosa do nosso tempo. O Cristianismo, sob certo aspecto, tornou-se uma reminiscência histórica. É como se estivéssemos ensaiando um pouco do nosso passado histórico, transformando esse passado numa imitação exterior.

O problema é que as igrejas nos ensinaram a imitar Cristo do jeito errado, ou seja, a imitar suas ações exteriores. Eu chamaria isso de macaquear Cristo, e essa macaqueação de Cristo não entrou fundo em nós. Não nos cristianizamos. Se observar a história do mundo ocidental, com suas guerras e lutas sanguinárias, você verá que a cristianização não nos atingiu. Somos cristãos da boca para fora e exteriormente, mas quando se trata de fatos psicológicos, somos pagãos bárbaros completos. Fazemos piedosas reminiscências históricas. Lemos o Evangelho. Repetimos seus versículos na igreja, mas a maioria das pessoas não se toca.

Este sonho diz ao sonhador que agora algo fora do comum vai acontecer. Ou seja, essa misteriosa esposa grávida será crucificada no lugar de Cristo e ele treme diante do solene ato. Esse é o momento crucial em que o ensinamento cristão, ou o mistério do que Cristo representa, atinge sua própria alma.

A esposa interior que é crucificada é a alma do sonhador. Trata-se de sua anima. A anima é o sentimento de um homem, sua sensibilidade, sua consciência de coisas interiores. Se tiver uma relação positiva com a anima, o homem é receptivo aos processos espirituais que ocorrem nas profundezas da psique. Esse é seu lado feminino. E a crucificação, que simbolicamente significa estar esticado entre os opostos, sofrendo a extrema colisão entre eles, é causada por sua anima. Os dois opostos unem-se através da colisão. É por isso que na cruz Cristo disse: "Meu Deus, meu Deus, por que me abandonaste?" Ele ficou completamente dilacerado, aniquilado entre os opostos.

Esse ensinamento central do mistério cristão será agora compreendido pela alma do sonhador. Isso significa que ele sofrerá; suportará a experiência e então passará a sentir que o ensinamento cristão é uma realidade psicológica. Não se trata de um gesto exterior que temos de imitar, ou de algum tipo de comportamento convencional ensinado por padres e pastores. É algo que nos toca e diz respeito ao nosso ser psíquico mais profundo.

"O que acha desse sonho?"

"Que devo prestar mais atenção e dar muito mais valor a esse lado feminino e sensível da minha personalidade. Não é fácil para um homem desenvolver esse lado porque não dá para dizer: 'Ah, esse é meu feminino interior. Encontrei. Saquei. Ótimo. Está na mão. Agora não preciso mais me preocupar.'

Isso é apenas o princípio. Para integrar o feminino, o homem tem que abrir mão um pouco das suas realizações masculinas. Aí ele se sente mal. Portanto, é uma luta consciente muito difícil. É um pêndulo que vai de um lado para outro e dói porque a cada vez implica desistir de algo que é ele mesmo."

"Você usa seus sonhos em seu trabalho criativo?"

"Para explorar meus sonhos em profundidade, componho canções. Começo a escrever partindo de uma imagem, dedilhando no violão. Quando a canção está pronta, procuro ver de que modo ela expandiu o sonho e me levou mais fundo para dentro da imagem. Isso leva a imagem a aspectos que não conheço, porque certamente o sonho tenta me dizer algo que ignoro."

O mesmo homem

Certos místicos cristãos diziam que deveríamos ser crucificados, que a verdadeira imitação de Cristo é nos tornarmos Cristo nós mesmos, interiormente ou psicologicamente, e é isso que o sonho prediz estar acontecendo ao sonhador. Depois dessa experiência, ele será um cristão, saberá o que significa ser crucificado entre os opostos, carregar sua própria cruz e carregar seu próprio destino até o fim.

Cristo, de certo modo, é o modelo de um homem que viveu seu próprio destino, carregou sua cruz e cumpriu sua missão sem desviar ou ceder a qual-

Canção

Ó Senhora da Cruz
Quem te pôs lá fui eu.
Devia eu também estar lá
Ladrão a te escarnecer
Escória que sou, e esplendor.

Senhora da Conceição da Cruz
Será que o menino-homem
Que cresce dentro de ti
Vibrando cada tendão
Não saberá libertar-te
Da altura em que te pregaram?

Nesse auto sou Pilatos
Que ergue o pano de boca
Sou eu todos e o mesmo
Que escreve, dirige e olha.

Quando caio em agonia
É que penso em te soltar
Dá-me força para estar em teu lugar
Pregado na árvore em dor
Ó Senhora da Cruz
Senhora da Conceição da Cruz.

O mesmo homem

quer pressão coletiva. É por isso que o cultuamos como homem que se torna Deus, como Deus que nele se torna homem. Ele realiza isso. E agora o sonhador também o realiza. O ensinamento cristão agora penetra em sua alma.

Ele associa a mulher crucificada a Joana d'Arc, associação esta bastante apropriada porque Joana d'Arc era uma figura crucificada desse tipo. Ela não macaqueava Cristo; ela o imitou vivendo seu próprio destino individual, até a cruz e até a morte exterior.

Dra. von Franz, em contraste com as outras imagens de anima que vimos em sonhos masculinos, a mulher no sonho a seguir não instiga a menor ação dramática. Pelo contrário, sua beleza cria um sublime estado de espírito. O sonhador disse que esse é o mais belo sonho de que se recorda.

> "Sonhei caminhar ao longo de um rio caudaloso; a correnteza era ligeira e a luz refletia na água. No alto de uma colina via-se um castelo rodeado por um fosso. Atravessei a ponte levadiça e entrei no pátio central. Bem no meio, uma mulher estava sentada na mureta de um poço. Ela puxou um balde lá do fundo e o entregou a mim. Bebi a água do balde. A mesma coisa repetiu-se uma segunda e uma terceira vez. Bebi de novo e sentei-me na mureta em frente a ela. Seu traje era azul-celeste e sua beleza extrema. Estar ali a seu lado me dava uma enorme sensação de paz."
>
> *Sonho de um homem*

Vimos antes que o mundo dos sonhos e a psique inconsciente só nos mostram sua face positiva se nos deixamos ir com a vida, se não nos recusamos a viver.

Vejamos primeiro o rio, ao longo do qual caminha o sonhador. Costuma-se falar do rio no sentido do fluir da vida, o fluir do tempo. O tempo é um rio que desemboca no oceano da eternidade. A vida é um rio que começa numa jovem fonte e termina no mar da divindade, e assim por diante. O rio é um símile famoso para os sempre mutáveis fatos da vida, que na verdade são as mudanças constantes da substância psíquica que nos carrega.

Pense por um minuto neste fato estranho: nossa consciência de ego fica apagada por horas durante a noite e reaparece idêntica na manhã seguinte. Por que não despertamos e descobrimos que somos outro? Somos totalmente contínuos. Deve haver portanto algo que carrega nossa identidade pela vida afora. Ainda que o nosso corpo troque todas as células a cada sete anos, não restando praticamente nenhuma célula velha, mesmo assim continuamos a ser nós mesmos. Algo em nós, como uma substância psíquica essencial, carrega nossa identidade no decorrer da vida. É isso o rio, esse misterioso fluxo da vida. E aí, ao lado do rio, o sonhador encontra a mulher sentada na beira do poço.

Vem à mente a conversa de Cristo com a samaritana, um dos poucos encontros significativos em que Cristo entra em contato com o feminino.

Em sua forma desenvolvida, a anima é no homem a capacidade de amar, em contraste com o desejo de poder. É amar por amar, da forma mais elevada. É por isso que essa mulher aparece num castelo medieval rodeado por um gramado. Ela está no que os franceses chamavam *cours d'amour*, onde pela primeira vez na civilização cristã ocidental ocorreu a conscientização da anima. Cada cavaleiro elegia uma mulher de sua escolha, que não era sua esposa e representava sua amada imagem da anima. Para ela fazia poemas, por ela realizava atos heróicos. Ele a cultuava como a uma deusa. Assim esses homens superaram seu bárbaro comportamento guerreiro e se tornaram gente cultivada. Eram homens capazes de se relacionar com uma mulher, homens que cultivavam sua capacidade de amar, sua sensibilidade. Esse era o tempo das lendas do Graal, dos trovadores, da história de Tristão e Isolda.

A Igreja não gostava dessa novidade, pois levava a vários tipos de complicação e tornava as pessoas um pouco independentes demais, e assim a suprimiu. É de se notar que, quando as *cours d'amour* foram extintas e os cavaleiros viram-se forçados a cultuar a Virgem Maria em lugar de suas idealizadas senhoras, começou a caça às bruxas. O feminino tornou-se negativo e mulheres atraentes e interessantes foram perseguidas como bruxas em razão de ter sido suprimido o despontar do desenvolvimento do amor.

Agora que nos defrontamos com a questão de renovar a relação entre os sexos e encontrar novas formas de relacionamento entre homem e mulher, temos que voltar à Idade Média, ao ponto em que o problema foi deixado, nesse castelo com seu gramado. Aí o problema foi abandonado, dando lugar ao desenvolvimento unilateral masculino e racional do Ocidente. Nós, portanto, precisamos retornar. No nosso tempo, o desenvolvimento da anima é de fundamental importância para os homens, assim como o do animus para as mulheres.

Qual é, no sonho, o significado simbólico dos baldes de água oferecidos pela anima?

Esse sonho fala através de sua beleza e seu valor sentimental, não exigindo muita explicação racional. A única ação é que a anima por três vezes dá de beber ao sonhador a água da vida. A anima tem a água da vida, e esta é difícil de definir. Direi o seguinte: quando as pessoas se sentem bem, elas dizem que se sentem *vivas*. Mesmo que em suas vidas haja sofrimento e dificuldades, há momentos em que as pessoas se sentem vivas. Já quando estão numa fixação neurótica ou com alguma perturbação elas dizem: "Estou morto por dentro, estou sem vida." Isso mostra que estar vivo não é apenas um fato físico, mas psíquico. Estamos vivos quando nos sentimos vivos e o que nos faz sentir assim é o contato com esse fluir da psique inconsciente. É por isso que os sonhos são tão importantes. Você pode dizer que cada balde cheio de água da vida é um sonho. É isso o que um sonho é. Toda noite, por assim dizer, tomamos um gole de água da vida e se compreendermos o sonho, seremos vivificados. Sentimo-nos em contato com a nossa profundidade psíquica e a nossa própria substância viva – e então, subjetivamente, sentimos que a vida flui e que estamos vivos.

> Quando caio em agonia
> É que penso em te soltar
> Dá-me força para estar em teu lugar
> Pregado na árvore em dor
> Ó Senhora da Cruz
> Senhora da Conceição da Cruz.
>
> *O mesmo homem*

Parte 5

A Psicologia Feminina

Capítulo 12

O Inferno não tem Espelhos

"Seja você quem for – eu dependo sempre da gentileza de estranhos."

Blanche DuBois
Um Bonde Chamado Desejo
de Tennessee Williams

As mulheres contemporâneas rejeitam a submissão da nossa herança patriarcal. Elas têm consciência de um potencial mais amplo de vida dentro de si e sabem que seu valor não está mais apenas em ser objeto do desejo masculino.

"O grande problema da mulher de hoje é que ela vive sob a maldição de Papai, um Papai Pigmaleão, que sabe muito bem o que quer de sua filhinha. Ele diz: "Seja o que quero que você seja, com a breca!" E ela cresce só pensando no que Papai acha do ela faz. E fica infeliz se não corresponder a esse padrão."

Um mulher

Os sonhos que vêm a seguir, embora individuais, refletem a psique inconsciente de um bom número de mulheres. Revelam a sombra não-vivida

"Sonhei que uma mulher se olhava no espelho e dizia: 'Meu marido levou o espelho embora para não ter que olhar para mim.' Sua amiga retrucava: 'Meu marido fez o mesmo e eu seria capaz de matá-lo.'

Então eu via uma mulher se debatendo no mar e uma voz de homem dizia: 'Ela sempre gostou de nadar nua assim no começo da carreira.' Era Marilyn Monroe, toda branca e luminosa, com os cabelos loiros dançando nas ondas, como naquele calendário em que os cabelos loiros caem sobre o veludo vermelho. O problema é que ela não tinha braços nem pernas, só o tronco. Ela percebia que eu estava olhando e virou aquele torso para mim. (Era apenas um torso branco, luminoso e triste debatendo-se na água.) Captei a expressão dos seus lábios vermelhos e tristes. Então eu disse: 'Ela sempre se vira quando sabe que estão olhando para ela, na esperança de detectar desejo nos olhos dos marinheiros.' "

Sonho de uma mulher

no inconsciente, que se integrada pode tornar-se uma fonte criativa capaz de imprimir à vida uma nova direção.

No começo do sonho, por duas vezes ocorre o estranho desaparecimento do espelho. A primeira idéia é que se o espelho for levado embora a mulher não poderá mais olhar para si mesma. Mas o sonho diz que é o marido que leva embora o espelho para não ter que olhar para ela – o que é um completo absurdo onírico.

Devemos portanto começar nos perguntando: "O que é o espelho?" No espelho refletimos; o espelho reflete nossa imagem. A palavra *refletir* tem duplo sentido e também significa refletir sobre si mesmo. Pensar, refletir, significa voltar-se sobre si mesmo, encontrar a própria identidade. E o espelho mostra objetivamente nossa própria face. Assim sendo, olhar-se no espelho é muitas vezes um choque. E se você pensar no espelho do conto de fadas *Branca de Neve*, ele diz a verdade à velha bruxa: que Branca de Neve é mais bela do que ela, o que a deixa furiosa. Assim, o espelho é aquilo que mostra o verdadeiro reflexo, a verdadeira identidade.

Ora, ambas as mulheres no começo do sonho acusam seus maridos de as impedirem de ver sua própria identidade. É o que dizem algumas representantes do movimento de liberação feminina: "São nossos maridos que roubam nossa individualidade." Elas não têm uma identidade própria. Sentem-se violentadas, ou que sua identidade lhes foi roubada, e a reação mais mesquinha é acusar o marido.

O marido pode ter contribuído para essa reação porque os homens naturalmente carregam em si todo tipo de idéias estéticas e românticas sobre a mulher ideal. Em geral essa imagem que trazem em si é influenciada pela mãe. Se amavam a mãe, a esposa deveria ser tão parecida com ela quanto possível; se não a amavam, o contrário. Como as mulheres têm uma tendência natural a corresponder às expectativas do ambiente, criando com este uma relação pessoal, muitas vezes elas se sentem forçadas a desempenhar um papel diante do marido, correspondendo às expectativas dele em vez de serem o que são. É claro que se sentem amarguradas, como se seus maridos tivessem lhes roubado a possibilidade de serem elas mesmas.

Mas, em geral, isso é uma projeção. Na verdade é seu animus, seu impulso masculino, que as aliena de sua identidade feminina. Isso advém da vida social em geral e não dos seus maridos. Mas o resultado imediato no sonho é uma sensação de desespero, de ter perdido o espelho, a possibilidade de ver a si mesma como se é.

Marilyn Monroe é uma figura muito ambígua, porque ela representou o ideal feminino para milhões de homens. Desde cedo ela foi treinada pela

"Que associações lhe vêm à mente?"

"Duas peças de teatro. A primeiro é *Um Bonde Chamado Desejo*, na qual Blanche DuBois busca sua identidade na delicadeza demonstrada por estranhos. Para mim, o olho do marinheiro é esse tipo de espelho. A outra peça é *Huis Clos*, de Jean-Paul Sartre, na qual três pessoas estão presas num inferno. Uma mulher é ninfomaníaca. Como não há espelhos no Inferno, ela só pode sair se um dos outros dois olhar para ela. Ela não tem auto-identidade."

A mesma pessoa

mãe para desempenhar esse papel e acabou vivendo o destino trágico de uma atriz desidentificada de si mesma. Ela desempenhou um papel de estrela e perdeu a noção de quem era na vida privada. Em sua juventude, ela tinha uma fantasia obsessiva na qual entrava numa catedral e os fiéis todos, voltados para o altar, se viravam e olhavam para ela. Ninguém olhava mais para o altar, o lugar onde Deus aparece, se manifesta ou encarna no mundo humano. Todos olhavam para ela. Ela era a deusa.

Essa identificação com a deusa naturalmente é muito perigosa. É a inflação de que falamos antes. E assim na realidade Marilyn Monroe perdeu a identidade e teve uma morte trágica, como todos sabem.

"Quando tive esse sonho, achei que era um sonho coletivo que refletia algo de errado com a mulher atual, cuja falta de auto-identidade a faz procurar espelhos nos olhos de estranhos ou de amantes, ao invés de se amar a si mesma. E o fato é que Marilyn Monroe, a deusa do amor, era incapaz de amar e se matou em desespero, achando que não era amada. O verdadeiro horror é que ela não era capaz de amar."

Ainda a mesma pessoa

Como é que uma mulher aprende a representar a anima de um homem?

Isso começa muito cedo. A menina percebe que seu pai chega em casa cansado e ela lhe dá um sorriso charmoso; ele a deixa fazer tudo o que a mãe proibiu durante o dia. E assim ela logo descobre seu poder enquanto mulher.

Ora, um pouquinho disso é muito bom, porque lhe proporciona auto-confiança feminina. Ela descobre que, enquanto mulher, é alguém – já que consegue até mesmo que papai se ponha a seus pés. Mas se sucumbir a esse poder, transformando em profissão sua capacidade de dominar os homens com um sorriso sedutor, ela perderá o rumo. Pois se uma mulher tem essa tendência a representar a anima para o pai, ela assume um papel divino, visto que animus e anima são mitológicos, pertencem ao mundo dos sonhos e não à realidade exterior. Portanto, uma filha que flerta demais com o pai, entrando numa relação incestuosa íntima demais com ele em geral adquire uma inflação secreta. Ela se eleva à dignidade de uma rainha e espera que os homens estejam a seus pés, exatamente como forçou seu pai a fazer. Gradualmente, ela desenvolve uma certa arrogância e sente que é especial. Torna-se inatingível para homens comuns e os que tentam chegar perto sentem que ela é uma princesa e não alguém que se pode tranqüilamente levar para a cama para se ter um sadio relacionamento animal. Portanto, as garotas que se comportam como princesas-do-papai têm muita dificuldade de se relacionar com os homens e correm o risco de não se casar e ter filhos porque, quando um homem as aborda sexualmente na vida comum e corrente, elas ficam encasteladas atrás de um muro de invisível inatingibilidade. As lindas menininhas do papai acabam se transformando em princesas presas na torre, inalcançáveis pelo homem comum.

Podemos assim interpretar esse sonho em duas direções e dizer: "Ainda bem que Marilyn Monroe morreu nessa mulher." A mulher dentro dela que quer desempenhar um papel, construir uma carreira social e ser admirada por todos os homens, essa mulher morreu e a única coisa a fazer é proporcionar-lhe um funeral decente. Mas podemos também encarar o sonho por outro ângulo. Marilyn Monroe representava para seu público, como sua própria fantasia indica, a deusa que falta na igreja cristã. Ela e outras estrelas do cinema são elevadas a um status divino. Greta Garbo sofreu o mesmo destino trágico. Ela estava demasiadamente identificada com a deusa; por sorte, se assustou e acabou se retirando. A situação trágica dessas atrizes revela um problema da nossa civilização: nós não temos uma deusa oficial para cultuar. Esse vazio é preenchido por algumas atrizes ou belas mulheres, mas elas não têm como suportar a projeção e não sabem como carregá-la. Assim, você pode dizer que a figura náufraga de Marilyn Monroe no sonho é a mulher divina no interior da sonhadora que deveria ter se desenvolvido como núcleo divino interno de sua personalidade, sua estrela, por assim dizer, a estrela interior que se perdeu numa carreira mundana ordinária. Entendida dessa forma, Marilyn Monroe não devia ser enterrada, mas salva e trazida de volta à vida.

As duas interpretações parecem contraditórias, mas não são. Trata-se de duas faces da moeda. O sonho é ambíguo e simplesmente revela à sonhadora sua situação tal como ela é. A questão é o que ela faz com isso e como reage a isso.

Três anos depois desse sonho, a mesma mulher teve outro:

"Bem, sonhei que entrava na minha sala escura, uma sala afundada que nem um poço, com uma escada até os quartos. No sonho essa era a minha sala, embora parecesse o saguão de um hotel em que estive na véspera. Subi e no meio do quarto achava-se uma estrangeira morena que eu nunca tinha visto antes. Perguntei o que ela fazia ali. Falando com sotaque, respondeu que viera para não deixar nada meu ser roubado em minha ausência. Disse a ela: 'Não acredito em você. Como ousa invadir meu espaço?' Esbofeteei-a numa face e depois na outra. Surpreendi-me com minha violência e ela foi embora chorando.

A cena seguinte se passa numa espécie de lanchonete no porão do meu prédio, embora parecesse o lugar onde eu fora me divertir na véspera. O gerente, que na verdade era o homem que me convidara para sair na noite anterior, dava ordens às garçonetes e notei que uma delas era a intrusa morena que eu tinha encontrado antes no meu apartamento. Olhei para o gerente, mas não dava para ver seu rosto. Estava fora de foco, como no teste de visão que fiz na véspera. Daí escutei uma conversa e percebi que ele tinha enviado essa jovem ao meu apartamento. Fiquei com vergonha, pois iriam perceber que eu a havia esbofeteado. Senti-me mal por tê-la despachado daquele modo sumário.

Em seguida, estou no andar de cima, numa cama estreita em meu próprio quarto. O quarto é apertado, como o de alguém que saiu de um casamento, um quarto de hotel vazio e acanhado muito diferente do meu, que tem poltronas, estantes com livros, quadros e mesas cobertas de esculturas e objetos. Mas no sonho eu imediatamente reconheço esse quarto estreito como sendo meu. Estou tentando ler ou estudar e quando levanto os olhos vejo um menininho de uns dois anos, de pele muito clara, sentado numa cadeirinha ao lado da cama. Ele parece uma pequena pétala de rosa. Ele é muito especial. Recosto-me para olhá-lo, ele carrega um saquinho de balas brancas e rosadas como ele. Então penso: 'Ele é tão doce. Ele não me atrapalha. Ele pode ficar aqui.' Continuo a fazer alguma coisa, olho de novo para ele e ele virou uma criança maior, uma menina, morena e não loira, nua, que está comendo algo com mãos ensangüentadas. Percebo então que sua vagina está dilacerada e cheia de sangue. Aí penso: 'Que horror, ela se mutilou'! E a idéia da autodestrutividade da menina me enche de enorme pena. Mas então vem um pensamento: 'Talvez ela tenha sido violentada.' Aí me dou conta de que essa menina é filha da morena invasora."

A mesma pessoa de antes

> “Embora percebesse que eu mesma podia fazer parte do sonho, levou um ano para que eu me desse conta de que se tratava de algo pessoal meu. Só então me dei conta de que durante cinqüenta anos eu não tinha usado as mãos. Eu havia decepado os braços. Montei um ateliê e comecei a pintar.”
>
> *A mesma de antes*

O que significa, no sonho, o fato de Marilyn Monroe não ter braços nem pernas?

Os braços são em geral os órgãos da ação e as pernas nossa postura na realidade. Essa imagem feminina divina não pode agir, porque não está ancorada na realidade. Ela se encontra completamente mutilada.

Para entender esse sonho devemos observar primeiro a geografia do lugar. Há uma sala rebaixada na parte de baixo e os quartos em cima. Os quartos indicam vida privada, um território íntimo onde ela não quer intrusos. No andar inferior, num nível mais baixo (é o sonho que coloca nesse nível), está sua vida social. Ora, essa mulher construiu uma sólida carreira profissional e tem uma vida social ativa, mas o sonho põe tudo isso abaixo, ao nível do chão. O que importa está mais acima. É isso que tem prioridade. O problema está no quarto.

Ao chegar no quarto ela encontra a intrusa morena, uma desconhecida, e fica tão furiosa por alguém ter penetrado em sua vida privada que lhe dá duas bofetadas. Não sabemos quem é essa mulher morena. Portanto só podemos concluir que ela é parte de sua personalidade, parte que ela ignora, sente como algo estranho e quer rejeitar porque não está acostumada com ela.

É bastante comum, no decorrer da vida, sermos subitamente assolados por um novo aspecto da nossa personalidade. Temos novos sentimentos ou reações que nunca tivemos antes e muitas vezes, por puro hábito, não gostamos da nova experiência. Não gostamos de mudar. “O que é isso? Por que de repente sinto coisas diferentes?” Achamos que é estranho ou mesmo sinistro e essas coisas nós rejeitamos (= esbofeteamos) dentro de nós, em vez de nos abrirmos e dizer: “Que sentimentos ou reações novas estou tendo? Vejamos do que se trata.” Dessa forma, a sonhadora rejeita essa parte dela.

Na cena seguinte, ela descobre que a mulher desconhecida que ela esbofeteou é, na verdade, uma garçonete na sala do térreo. Aí temos uma pista. Essa mulher é uma parte da sua feminilidade que até o presente se concentrou apenas em servir aos outros em vez de cuidar de si.

A sonhadora volta ao quarto no andar de cima. É como um quarto apertado de hotel, em contraste com seu quarto real, bastante confortável, com poltronas e estantes de livros. Ele representa a vida íntima dela. O sonho lhe diz: "Olhe aqui, não há espaço suficiente." E como agora sabemos, espaço e tempo são a mesma coisa: "Não há suficiente espaço-tempo para sua vida privada."

Essa é uma mulher que provavelmente vive sua vida profissional e social de modo extrovertido demais. Ela não arruma espaço-tempo suficiente para estar consigo mesma. O resultado é que seu quarto psicológico tornou-se um exíguo quarto de hotel. Ora, um quarto de hotel é um lugar onde vivem estranhos, que entram e saem, de modo que ela não tem uma real privacidade. Ela não tem um mundo introvertido onde possa ser ela mesma e ter seus segredos. Tudo vaza para os outros. Parte da sua feminilidade, que deveria cuidar da criança interior, atua como garçonete para os outros. Isso é como Marilyn Monroe no outro sonho, uma atriz que desempenha um papel para os demais. Aqui, essa pessoa serve outras pessoas em vez de cuidar da própria vida. Essa mulher morena deveria cuidar da filha em vez de permitir que fosse violentada enquanto ela serve outras pessoas no andar de baixo.

Então, a sonhadora descobre nesse quarto abarrotado um lindo menino delicado e sorridente – uma figurinha encantadora e divina. Ora, um menino no sonho de uma mulher em geral quer dizer um novo empreendimento, porque se você os observar, os meninos são o epítome da ação incessante. Jung dizia que um menino simboliza um empreendimento honesto. E esse menino, seu empreendimento honesto, com toda probabilidade personifica o fato de que ela havia começado a pintar. Esta foi a primeira atividade em que ela fazia algo para sua própria psique, um empreendimento honesto que não buscava sucesso mas que simplesmente visava fazer algo como um fim em si mesmo. Isso é o menino e ele personifica um novo aspecto da personalidade dela que começa a aparecer.

Mas como o menino logo se transforma em menina, a pintura é um mero instrumento sem finalidade própria. É apenas um meio para trazer à tona uma nova parte da personalidade feminina da sonhadora, a garotinha. Esta é sua verdadeira feminilidade. Essa filha da mulher morena é sua verdadeira identidade feminina, ainda muito nova, em processo de crescimento.

Como a sonhadora só tem uma primeira e vaga idéia da sua nova personalidade, esta ainda é personificada por uma menina. Mas então ela descobre horrorizada que a menina sangra na vagina, pois provavelmente foi violentada e maltratada.

Quem violentou a menina?

Pode-se naturalmente acusar o marido se se pretende fugir da questão, mas se fizermos essa pergunta devemos responder que foi ela mesma, ou seu animus, o lado masculino da sonhadora. Por trás das suas costas, sua mentalidade social e carreirista violentou sua verdadeira feminilidade, que queria crescer dentro dela. Mas a menina não morreu. O problema apontado pelo sonho pode ser consertado. De forma dramática, o sonho diz: "Se continuar com sua vida social extrovertida e seu carreirismo, você violentará algo dentro de si que acabou de nascer e que quer crescer e se tornar uma nova mulher dentro de você."

Existe alguma relação entre este e o sonho de Marilyn Monroe?

No sonho de Marilyn Monroe vemos que algo nesta mulher está morrendo, ou já morreu, e no segundo sonho algo nasceu. É uma constante que nos sonhos partes da nossa personalidade passem por mortes e nascimentos.

No decorrer da vida, acertadamente e às vezes não, partes da nossa personalidade morrem dentro de nós e outras nascem. Poderíamos até supor que a menina violentada seja Marilyn Monroe renascida. Na forma errada de atuar e perseguir sucesso social essa figura deve morrer, pois ela reaparece sob nova forma – a nova vida de uma jovem personalidade em crescimento.

"Na manhã anterior a esse sonho, eu tinha feito um exame de vista e estava com pena de mim mesma. Eu passara por uma segunda operação de descolamento da retina e não tinha foco na visão, de modo que abandonei meu ateliê e fiquei meio taciturna. Seis dias depois desse sonho montei um ateliê de escultura. O sonho me dizia que eu estava me mutilando com aquela autocomiseração."

Ainda a mesma pessoa

Capítulo 13

O Enforcado

"Se viajo num carro ou num trem sem olhar pela janela, apenas as paradas, partidas e súbitas guinadas é que me fazem perceber que estou em movimento."

Marie-Louise von Franz
O homem e seus símbolos

Jung chamou de "animus" a personificação masculina do inconsciente nos sonhos da mulher. Em latim, essa palavra significa "espírito". Assim como a anima no homem, o animus exibe quatro estágios de desenvolvimento. Em O homem e seus símbolos, *a dra. von Franz delineia esses estágios:*

> Primeiro ele aparece como personificação do mero poder físico, por exemplo como campeão atlético ou homem musculoso. No estágio seguinte, ele tem iniciativa e capacidade de ação planejada. No terceiro, o animus torna-se o "verbo"... e finalmente, em sua quarta manifestação, ele é a encarnação do *significado*. Em seu mais elevado nível ele se torna (assim como a anima) um mediador da experiência religiosa, através da qual a vida adquire um novo sentido. Ele dá força espiritual à mulher, uma invisível sustentação interior que compensa sua delicadeza exterior.

Nesse nível mais elevado o homem interior funciona como uma ponte para o Self. Ele personifica a capacidade de uma mulher ter coragem, espírito e verdade, estabelecendo uma ligação com a fonte da sua criatividade pessoal. Mas, assim como a anima vampiresca do homem, o animus em sua forma negativa é um parasita. Ele personifica a brutalidade, a frieza e a obstinação, e paralisa o crescimento da mulher.

"Na época desse sonho, eu era o centro de uma instituição chamada *matrimônio* e ostentava o impressionante título de *Mãe*. Meus lindos filhos nunca pediam sem receber e meu belo marido nunca recebia sem pedir. Externamente, a vida era uma alegria e uma glória...

No sonho estou deitada num enorme colchão *king size*. Enorme mesmo! Ele está suspenso e flutua no ar. Não há nada ao redor. Nem lençóis, nem nada. Sinto que algo se aproxima à direita. É uma mulher que vem vindo com dois dobermans pretos presos pela coleira. Ela se aproxima e eu observo. Ela chega cada vez mais perto. Quando está a um metro de mim, ela me olha com repulsa. (Usa uma *babushka* na cabeça.) Ela me olha, solta as guias e os dois cães se arremessam sobre minha garganta. Aí eu acordo. Não consigo respirar. Sento na cama ofegante, sem fôlego.

Fiquei com esse terror durante todo o dia, me perguntando o que isso podia significar. Tal fato era extraordinário, porque nunca antes eu havia me interessado por sonhos."

Sonho de uma mulher

A transformação do animus acarreta um sofrimento imenso, pois significa nada menos que abandonar uma velha identidade em prol de uma nova. É preciso uma enorme coragem. Mas a aventura vale a pena, porque as recompensas são imensuráveis.

Os três sonhos a seguir ocorrem à mesma mulher num período de três anos. No primeiro não há nenhuma figura masculina; no segundo, o animus aparece e no terceiro sua presença é bem marcada!

O problema central é indicado na primeira frase do sonho, quando a sonhadora diz "estou deitada num colchão, flutuando no ar". O sonho mostra que ela não tem relação com a Terra. Ela não tem os pés no chão. Não tem contato com a realidade. Isso também significa que ela não tem um real contato com seu próprio corpo. Ela vive num mundo de idéias e ilusões, de conceitos teóricos sobre a vida.

Daí uma mulher se aproxima com dois dobermans. Eles simbolizam as forças da Terra, as forças instintivas. Um cachorro representa nosso instinto domesticado. Mas aqui esses cães são hostis. Eles se associam aos nazistas, que os usavam como cães de guarda. A mulher que controla os cachorros tem uma babushka na cabeça, que faz lembrar a mãe.

"Qual é sua associação com babushka?"

"Bem, sou polonesa e essa é uma tradição muito comum em meu país. Muitas mulheres na Polônia usam uma *babushka* na cabeça ou sobre os ombros. Minha mãe sempre usava."

A mesma pessoa

Pois bem, a mãe para uma mulher representa a base instintiva, a matriz, a região do útero. A mulher que tem problemas com a mãe costuma tê-los também com menstruação, sexualidade e sentimentos maternos. A mãe é, por assim dizer, a terra na qual ela vive. Mas esta figura materna solta os cachorros, e os instintos em seu aspecto feroz, hostil e negativo atacam a sonhadora. O sonho portanto diz: "Você flutua no ar, perdeu o contato com a realidade e por isso a base instintiva da sua personalidade fica hostil e a ameaça." Essa negação dos instintos se coaduna com o fato de que ela logo em seguida adoeceu. Uma doença está sendo preparada quando se vai contra os próprios instintos animais.

Dra. von Franz, será então possível diagnosticar o começo de uma doença a partir de um sonho?

"Tive esse sonho duas vezes. Um pouco antes da segunda vez, fui hospitalizada com uma séria infecção pélvica."

A mesma pessoa

Ocorrido o evento poderíamos dizer que sim, mas eu não ousaria afirmá-lo de antemão. Diria apenas: "Você está vivendo contra seus instintos e isso provavelmente vai resultar em algum tipo de doença." É óbvio – se você come demais ou de menos, dorme idem, ou faz o que quer que seja contra seu instinto, é provável que fique doente.

Há algum significado no fato de os cachorros atacarem a garganta?

Bem, antes de mais nada creio que quando um cachorro realmente quer matar, ele ataca a garganta. Ele morde a artéria na garganta. Esse é o movimento para matar. Portanto, isso indica que os cachorros não estão brincando. O ataque é realmente perigoso. Mas também podemos observar o simbolismo da garganta. No ensinamento hindu sobre os chakras, a garganta é o centro do mundo de Logos, da palavra falada. Esse centro chama-se Vishuda e é isso que está sendo atacado. Ela acredita no mundo das palavras. Ela não ouve o que seus instintos dizem quando falam a partir do estômago ou de centros mais profundos. Essa recusa a ouvir combina com a flutuação no ar. Ela provavelmente se espelha em seu próprio reflexo enquanto mulher bem-sucedida que vive num mundo de idéias e palavras.

A mesma pessoa teve o seguinte sonho cerca de dois anos depois. Aqui, em contraste com o sonho anterior, o animus, seu lado masculino, é personificado mas não tem muita vitalidade.

Embora se costume falar do animus como um problema na mulher, ele também desempenha funções muito positivas e importantes porque uma mulher cujo animus esteja ferido ou não funcione é passiva demais. Ela fica demasiado exposta às vicissitudes da vida. Ela não consegue pegar o próprio destino nas mãos. O animus, portanto, é uma figura muito positiva. O sonho mostra que essa mulher está muito embrulhada com a mãe. Ela é predominantemente feminina e não desenvolveu o lado masculino. Sua masculinidade aparece no sonho enrolada num pano, morta, do outro lado da porta. Essa é a parte da sua personalidade que morreu e deveria ser ressuscitada. Portanto, ela deve deixar o lugar onde se encontra. Isto é, ela deve mudar sua situação de vida.

"Tive esse sonho depois da minha separação. O medo de ter que assumir a responsabilidade por minha própria vida e pior, pela das crianças, me perseguia.

No sonho estou num cômodo com minha mãe e um homem. É um cômodo muito pequeno. Não há mobília alguma, salvo uma cama. Não está acontecendo nada ali. Tenho então a sensação de que do outro lado da porta há um corpo. Abro e vejo um corpo no chão do corredor. Está envolto num lençol, mas sei que é de homem. Fecho a porta.

Agora precisamos sair pela porta dos fundos. Mas para sair temos que descer por uma escadaria extremamente íngreme. É uma queda incrível. A escada é aberta e muito perigosa. Minha mãe vai na frente, depois o homem e eu atrás. Ela desce alguns degraus. Eu a sigo, com muito cuidado. Aí, de repente, ela dá um lindo salto e aterrissa no chão com ambos os pés. É um salto olímpico, fantástico. Estou admiradíssima.

Daí tudo muda. Estou sozinha andando numa cidadezinha árida, cheia de areia. No centro da praça há uma plataforma à qual se sobe por três ou quatro degraus. É uma plataforma de enforcamento, um quadrado perfeito feito de madeira velha e gasta pelo tempo. Em cada canto há um pilar e no meio o mastro da forca. Chego mais perto, olho e vejo um homem que pende do laço. Olho de novo e percebo que ele está suspenso pelos pés. Não estou alarmada. Apenas olho bem de perto e vou-me embora."

Sonho de uma mulher

"Mais tarde, conversei com uma amiga sobre minha culpa e ansiedade por ter abandonado o casamento. Sentia que havia algo muito errado comigo, que me faltava alguma qualidade que todos têm por natureza. Minha amiga disse: "A única coisa errada com você é que você acha que há algo errado com você." Eu ri de tanta simplicidade. Mas isso mudou meu ponto de vista. Em vez de procurar o que estava errado, comecei a olhar para o que estava certo em mim."

A mesma pessoa

O caminho leva para baixo, um passo um tanto perigoso. Ela tem de descer a um nível mais profundo da realidade, tornar-se mais realista e tomar consciência de sua situação prática. Ela consegue fazê-lo e chega a uma aldeia antiquada, que provavelmente espelha um modo de vida antiquado no qual as mulheres não podiam ter iniciativas próprias. Aí ela encontra um homem enforcado na praça central da aldeia. Nessa atmosfera de feminilidade antiquada, todas as forças masculinas positivas da mulher estão suspensas, literalmente suspensas. Estão mortas. Não podem agir. O sonho, portanto, mostra que, estando numa situação exterior muito difícil, ela poderia ser levada a pensar que se trata de falta de sorte. Mas o sonho lhe diz que o verdadeiro problema é que sua própria masculinidade está morta e deve ser salva e revivificada.

A senhora poderia amplificar essa imagem do homem enforcado?

Enforcar ou pendurar é em geral uma imagem de deificação negativa. Afinal, o Deus da civilização ocidental é um homem suspenso na cruz. Isso

"Dois anos depois, minha vida estava ótima. Consegui restabelecer minha reputação profissional, curtia meus filhos e minha recém-adquirida independência. Namorar sem compromisso era bom. De repente, me apaixonei. Contei ao homem em questão o que sentia e ele me disse que não sentia da mesma forma. Senti-me rejeitada. Nessa noite sonhei o seguinte:

Estou no balcão de um teatro e de repente tenho vontade de ir ao banheiro. Levanto do meu lugar e caminho em direção ao fundo do teatro. Há uma atendente na porta e entramos juntas. Mas lá não é um banheiro e sim um depósito, algo como uma despensa. Ela segura a porta para mim e entro.

De repente, percebo que se me sentar para urinar não posso fechar a porta. Enquanto estou pensando nisso, um homem de terno entra. Fico indignada, porque estamos num banheiro feminino. Digo-lhe que deve sair. Vejo então outro homem vindo em minha direção. É baixo e forte. Fico furiosa por estarem os dois nesse espaço feminino. O fortão continua a caminhar na minha direção. Volto-me para o primeiro, que olha para este e me diz: "Ele é um mestre de *tae-kwon-do*." Volto-me para ele e vejo que ele assumiu uma postura de karatê – a postura marcial de ataque. Ele dá um salto e atinge minha garganta. Acordo apavorada."

A mesma pessoa

significa o momento de elevação ao reino espiritual e de reconhecimento como um deus, mas às custas da realidade humana. Fica-se, por assim dizer, pendurado na eternidade, mas a realidade humana está morta. É por isso, por exemplo, que os antigos germânicos enforcavam seus prisioneiros em homenagem a Wotan. O momento em que o vento os fazia balançar para a frente e para trás nas forcas ou nos galhos de árvores dos quais pendiam significava que Wotan, o Deus espiritual, os levava para si. Cristo também foi pendurado e crucificado, porque era acusado de pretender ser o Rei dos Judeus. A punição era uma deificação negativa: "Se você quer ser o Rei dos Judeus, que seja! Mas de forma negativa." Estar enforcado ou crucificado quer dizer estar num estado de suspensão.

Assim, isso quer dizer que sua inteligência masculina, sua coragem e capacidade de ação existem, mas estão suspensas. Além disso, estão de cabeça para baixo. Não tocam a realidade. Assim como o homem deveria estar com a cabeça para cima, ela também deveria. Ela deveria repensar sua situação e tomá-la nas mãos como um homem. Suas qualidades masculinas estão suspensas, condenadas à inação, devido a uma atitude antiquada face à vida de um lado, e a uma demasiada identificação com a mãe, de outro.

Examinemos primeiro o banheiro. O banheiro tem a ver com o simbolismo de purificação pela água. O simbolismo do batismo, por exemplo, é uma purificação da possessão demoníaca. Quando as pessoas emergem da água, elas vestem roupas brancas para indicar que estão purificadas e agora começam uma nova vida. E em todas as religiões, não apenas na cristã, a água em geral tem a conotação de ser o grande purificador. Ela lava os pecados e as contaminações. Ora, assim como na vida concreta absorvemos sujeira ao trabalhar e nos esfregar com objetos externos e com outras pessoas, também absorvemos sujeira psicologicamente. Participamos do ódio coletivo por coisas que lemos no jornal ou nos contaminamos com o que o jornalista diz, e aí perdemos a identidade. Precisamos então lavar tudo isso até desnudar a nós mesmos. Estar nu sempre significa ser pura e simplesmente aquilo que se é sem velar ou cobrir nada. É por isso que falamos da verdade nua. Assim, no banheiro você se olha no espelho e vê a verdade nua, que nem sempre é agradável.

A sonhadora havia sido duramente golpeada antes desse sonho pela resposta negativa do parceiro. Agora o sonho muda esse golpe, ou o representa, mas de forma diversa. Primeiro mostra que o golpe ocorre no momento em que ela quer fazer xixi no banheiro. Fazer xixi em geral simboliza expressar-se de modo genuíno. Trata-se de uma das poucas funções que não se pode reprimir. Podemos por algum tempo reprimir o sono, ou o comer, mas a necessidade de fazer xixi está acima de nós. Ela nos domina, e portanto é uma expressão de "eis-me aqui, é assim que sou". O significado é sempre ser genuíno. O sonho diz: "Olhe aqui, finalmente você tentou ser genuína ao perguntar a esse homem se ele te amava, inferindo ao mesmo tempo que você o amava. Esse era o seu verdadeiro sentimento e você foi golpeada, mas não por seu parceiro, que lhe disse não estar interessado em você. Você foi golpeada por outra pessoa. Por esse lutador de karatê, esse homem horrível que atinge sua garganta com um golpe de karatê."

Ora, esse lutador de karatê está dentro dela. É como se o sonho dissesse: "O choque que você recebeu não veio de fora. Ele provém de sua própria natureza." Isso faz pensar no que uma vez Jung disse: "Não há dificuldade que em última análise não brote de nós mesmos." Nós somos nossa própria dificuldade. A dificuldade amorosa está dentro dela. Ela traz dentro dela esse lutador de karatê. Portanto, ela só pode se desenvolver ou tornar-se si mesma se perceber que o terrível choque que recebeu do mundo exterior é algo que está em sua própria natureza. Ela tem que encarar o fato de que carrega um lutador violento dentro de si, que a desvaloriza enquanto mulher.

Gostaria que nos falasse um pouco mais sobre esse lutador que ataca as mulheres quando elas assumem genuinamente seus sentimentos. A senhora acha que essa imagem diz respeito à sociedade em geral tanto quanto à psicologia da mulher que teve o sonho?

Bem, eu diria que o estilo moderno nas sociedades do Ocidente, começando agora a aparecer também na China e nas sociedades marxistas, é organizar as massas por meio de computadores e desencorajar os sentimentos pessoais. No Ocidente, por exemplo, as grandes empresas adotam a norma de rotatividade dos funcionários por diferentes setores a fim de evitar apegos pessoais. O apego pessoal é encarado como algo que leva à formação de cliques. O sentimento pessoal é combatido.

Isso também pode ser observado nos debates políticos atuais. Uma das coisas mais negativas que se pode dizer sobre um oponente é que os argumentos que ele usa são ditados por seus sentimentos. "Ele não é lógico" – como se a lógica fosse o único modo de se argumentar. Pode-se também fazê-lo com o coração. Pode-se também protestar com os sentimentos. Mas atualmente, a moda, a moda absoluta, é ser racional. Muitas escolas de psicologia moderna também são racionais. Se algo está errado no casamento, deve-se racionalmente reorganizar a vida sexual, procurar experiências extraconjugais, adotar novas posições práticas, tentar posturas do *Kama-Sutra*. Deve-se consertar racionalmente o casamento, como se um ser humano fosse um carro enguiçado. Isso é absolutamente destrutivo para os sentimentos e atinge tanto aos homens como às mulheres. Atinge até mesmo mais às mulheres, porque em geral elas dão mais valor às relações pessoais e aos sentimentos.

As mulheres são atingidas primeiro e é por isso que em nossos dias elas estão tão infelizes. Por essa razão estão revoltadas contra tantas coisas. Elas sentem suas vidas sendo tolhidas. Naturalmente os homens também são atingidos, porque se as mulheres enlouquecem e se tornam desagradáveis e frias, tal fato repercute nos filhos e no parceiro. Mas o homem pode suportar um pouco mais do que a mulher um mundo racionalmente organizado. No fundo ele também não está feliz, mas agüenta um pouco mais.

Essa negação de sentimentos pessoais parece violar uma conexão humana natural, já que favorece a cabeça em detrimento do coração. A senhora diria que a crescente popularidade de programas de trabalho corporal do tipo jogging, *T'ai Chi, Ioga e assim por diante é uma tentativa de restaurar o equilíbrio?*

Essa tremenda ênfase dada ao corpo atualmente na psicoterapia é um movimento compensatório. Baseando-me em minha própria experiência, sinto que esses exercícios todos para voltar ao corpo são um pouco técnicos demais. São intencionais demais. Acho que viver próximo à natureza é um modo melhor de penetrar no próprio corpo. É um jeito mais natural. Mas nem todos podem fazê-lo, e com certeza esses exercícios são por vezes muito úteis.

O que acontece quando uma pessoa conecta a cabeça ao corpo?

Bem, em geral, quando as pessoas caem na realidade do corpo, primeiro entram em contato com emoções que são a ponte entre a cabeça e o corpo. Provavelmente, elas ativam o sistema linfático que afeta as emoções. Quando tentam uma ligação com o corpo através de exercícios, as pessoas em geral começam por liberar algum ressentimento violento contra o pai ou a mãe, ou algo do gênero. Elas entram em contato com emoções negativas reprimidas e o primeiro passo é extravasá-las, deixá-las vir à tona e não suprimi-las com a cabeça. Daí costumam vir as lágrimas, o suor e outras reações físicas. Em seguida, surge um estado de relaxamento e a partir de então, uma melhor ligação com o corpo.

Pode-se dizer que o que está errado é que a consciência coletiva como um todo já não dá mais valor a Eros. Eros é pessoal; é algo que passa de um ser humano a outro de modo único e pessoal. Em nossa sociedade, Eros não serve para nada. Você não pode dizer: "Faço isso porque amo tal pessoa", ou "Faço isso contra as regras porque amo tal pessoa". As regras são as regras. O computador as definiu, desse modo ou de outro, e é assim que tem que ser. A despersonalização e a organização de massa da sociedade moderna destroem os sentimentos, e isso enlouquece as mulheres.

Capítulo 14

O Tirano

Você está no quadro-negro, papai,
No retrato que guardo de você,
Um buraco no queixo em vez do seu pé
Mas não menos diabo por isso, não
não menos o homem negro que

partiu meu lindo coraçãozinho em dois.
Eu tinha dez anos quanto te enterraram.
Aos vinte tentei morrer
e voltar, voltar, voltar para você.
Achei que até os ossos voltariam.

Sylvia Plath, *Daddy*

Em sua forma negativa, o animus, o homem interior da mulher, é uma força do mal que destrói a vida. Ele separa a mulher da sua própria feminilidade. Ele a afasta do calor humano e da delicadeza, deixando-a isolada num mundo sem sentido, martirizada por mãos invisíveis. Ela sente a si mesma como vítima, presa na armadilha das circunstâncias externas ou de um destino cruel. No fim, ela pode chegar a crer que sua terrível solidão não terá alívio neste mundo e mergulhará em fantasias de morte.

O poema a seguir foi escrito num estado de possessão de animus desse tipo e expressa a pavorosa solidão de uma mulher separada de sua feminilidade:

Procuro
    mas o deserto me rodeia;
Tenho sede
    mas não há água que sacie;
Choro
    mas não há braços que abracem;
Desejo
    mas não há seio que amamente;
Espero
    mas não há leite que alimente;
Careço
    mas não há phallus para acolher;
Sinto
    apenas a exploração dos meus amigos;
Temo
    que a morte seja igual.

O complexo paterno pode criar um inferno no inconsciente da mulher. Sua autoridade pode ser absoluta, impedindo-lhe efetivamente o contato com seu espírito criativo.

Este sonho apresenta a masculinidade de uma mulher de forma altamente crítica, revelando como o animus a tortura e a impele para um amargo isolamento.

"Estou sentada no assoalho de uma cabana isolada, escovando o pêlo de um gato. Não vejo o gato, mas sei que seu pêlo é ruivo porque tiro um chumaço da escova. Uma mulher atrás de mim fala no telefone. Estou sentada ao lado de um homem que não reconheço mas no sonho sei que ele é meu pai. Ele é alto e forte, e tem cabelo curto. Ele é chefe de polícia e vivemos na delegacia de um lugarejo remoto.

A mulher termina a conversa, desliga o telefone e sai. Meu pai vai até onde ela estava, arruma alguma coisa, volta-se para mim e diz: "Eles são loucos. Estão completamente loucos." A mulher tinha feito algumas declarações incestuosas a alguém no telefone.

Em seguida estou ao lado do meu pai. Ele achou um bilhete que eu escrevi a um namorado e está louco de raiva. O rapaz está na frente dele. Começo a tremer violentamente e saio correndo por uma porta que costuma ficar trancada por um fecho no alto. Entro no banheiro. Há um homem sentado no chão, que não presta a menor atenção em mim. Estou vestindo uma parka e um chapéu, e vomito na privada.

Enquanto isso, vejo que meu pai vai amarrar minhas mãos, me pendurar nas vigas da cabana e me açoitar com uma vara. Acordo gritando 'Harry! Harry!' "

Sonho de uma mulher

Em geral, o primeiro homem que uma mulher conhece é seu pai, que portanto tem uma influência muito grande sobre a menina. Se a relação com o pai se constela de modo negativo, a menina reagirá negativamente a ele. O pai, em si, pode ser ou não um homem mau ou difícil. A menina pode simplesmente não gostar dele. Mas, de qualquer modo, se a relação for negativa mais tarde ela provavelmente terá dificuldade com os homens e não descobrirá seu próprio lado masculino. No extremo, ela tenderá a ficar completamente incapaz de abordar os homens. O primeiro que ela encontrou na vida foi um horror, portanto todos os homens são um horror. Ela poderá tornar-se lésbica ou evitar cabalmente os homens. Com certeza, terá medo deles. Se o caso não for tão extremo, ela será o que se costuma chamar de uma mulher difícil. Discutirá com os homens, tentará sempre desafiá-los, criticá-los e pô-los para baixo. Ela esperará negatividade da parte deles e essa expectativa naturalmente criará dificuldades para o parceiro.

Em outras palavras, o animus, sua própria masculinidade, será um problema para ela. Esse tipo de mulher tenderá a fazer consigo o que o pai fez com ela. Se o pai foi tirânico, mesmo após a morte dele a mulher exercerá a mesma tirania sobre si mesma através de idéias e opiniões oriundas da imagem do pai. Portanto, a relação de uma menina com o pai e seu desligamento dele desempenham um enorme papel em seu desenvolvimento enquanto mulher.

No começo do sonho, ela escova um gato amarelado. O gato que conhecemos é originário do Egito, onde ele já foi um animal divino. Havia lá uma deusa com cabeça de gato que era a deusa da música, da sexualidade, do gosto de viver e da fertilidade feminina sob todos os aspectos. O gato, em contraste com o cachorro, nunca vendeu sua alma ao homem. Ele mantém uma espécie de reserva egocêntrica. O gato diz: "Você pode me alisar e pode me servir", mas ele nunca se torna seu escravo. E se você o perturbar ele simplesmente vai embora. Nos sonhos das mulheres, portanto, o gato costuma representar algo feminino, independente e seguro de si, exatamente o que as mulheres modernas em geral não são. É por isso que a deusa com cabeça de gato aparece nos sonhos das mulheres como um modelo positivo de comportamento feminino. Um modelo que não é brutal; não ostenta traços masculinos. É feminino e ao mesmo tempo muito firme, muito igual a si mesmo. O gato não é muito agradável, mas é muito verdadeiro a si mesmo.

Assim, no começo do sonho ela tenta cuidar da sua própria feminilidade e nesse exato momento aparece o pai. Não se trata do verdadeiro pai, mas do chefe de polícia, que no sonho se chama seu pai. Podemos portanto perceber que essa mulher tiraniza a si mesma com as regras de comportamento do chefe de polícia.

Na vida real, ela decidiu ser uma boa mãe, e para tanto se força tiranicamente. Sua casa, seus filhos, sua vida familiar têm que ser do jeito que ela considera certo. Por isso o sonho diz que seu pai interior, sua autoridade interior, é o chefe de polícia. Os policiais se preocupam sobretudo em manter as coisas em ordem, de modo coletivo e indiferenciado. Assim, o chefe de polícia é aquele animus que exige um comportamento ordeiro e convencional que não choque a ninguém. Exatamente o oposto de um gato. Um chefe de polícia e um gato nunca se dão bem, e essa pobre mulher carrega em si os dois ao mesmo tempo.

Então, no sonho, o chefe de polícia declara que a mulher está louca. Isso é a voz secreta nela que diz, quando ela segue seus sentimentos: "Não, isso é loucura! Não faça isso. Se fizer isso você é louca." Muita gente reprime certas coisas dentro de si chamando-as de loucas.

Em seguida, o pai-chefe-de-polícia a surpreende como a uma menina. Ele descobre que ela escreveu um bilhete para o namorado. Aqui temos de novo a figura do tirano. Naturalmente há na realidade pais que pensam ser seu dever proteger ansiosamente a integridade das filhas, perseguindo-as quando escrevem bilhetes para seus primeiros namorados. Mas aqui já não se trata disso, pois essa mulher é casada e já saiu de casa. O que isso significa é que ela está fazendo consigo o que o pai fazia com ela.

Essa é a maior tragédia oriunda do animus negativo. Ele manifesta seu poder no momento em que a mulher ama. Ele tenta afastar a mulher de qualquer tipo de relacionamento desvalorizando-o ou dizendo que é loucura. O animus negativo manifesta-se sobretudo como uma resistência, baseada em opiniões, a qualquer sentimento de amor. Se uma mulher se apaixona ou se interessa por um homem, seu animus negativo vem à tona e faz com que ela arruine o relacionamento.

Subjetivamente, ela não sabe o que está acontecendo. Ela acha que é maldição. Justo quando ela quer falar com o homem que ama, algo nela provoca uma cena pesada. Daí ela vai para casa e chora. Talvez ela projete e diga: "*Ele* foi tão maldoso comigo", mas se for um pouco mais honesta dirá: "Eu queria ter um bom relacionamento com ele e exatamente por isso *eu* fiz uma cena." E ela não sabe que mecanismo diabólico a levou a fazer isso. Se uma mulher o ataca enquanto homem, pode estar certo de que está interessada em você. Ela realmente gostaria de amá-lo, mas não sabe como.

O animus negativo comporta-se aqui como um amante ciumento. Ele quer a mulher só para si e a afasta de qualquer outro homem. Se ela tem um sentimento amoroso por algum homem, logo aparece esse animus que diz: "Você não deveria fazer isso." Ou então ele é projetado.

Conheço um caso clássico, de uma mulher que, durante uma sessão de análise, atacou Jung violentamente com o animus. Mais tarde, ao comentarem o que havia acontecido, Jung lhe disse: "Sempre que tem um sentimento, você ataca." O que se passou foi que quando se dirigia para a casa de Jung, ela viu uns morangos muito bonitos. Seu primeiro impulso foi: "Vou comprá-los e levá-los para ele." E aí o animus disse: "Jung dirá que os morangos têm um significado erótico e te ridicularizará." De modo que ela não comprou os morangos, chegou num estado de ânimo furioso e atacou Jung durante toda a sessão. Tudo porque havia suprimido os morangos. Se os tivesse levado tudo teria dado certo, mas ela reprimiu seus próprios sentimentos.

Quando a senhora afirma que o animus "diz" isso à mulher, o que de fato se passa? Qual é a experiência subjetiva da mulher? Ela ouve mesmo uma voz?

Não, o pior de tudo é que na sua experiência, é *ela mesma* que pensa essas coisas. Veja bem, o animus nela pensa "Jung vai rir dos morangos", e daí ela acredita que é ela que pensa isso. Essa é uma das grandes dificuldades do trabalho analítico: fazer com que as mulheres percebam a diferença entre o que *elas* pensam e o que *ele* pensa nelas.

O problema é que elas acham que os pensamentos do animus são os seus próprios pensamentos. Mesmo tendo trabalhado anos a fio nessa questão, eu às vezes ainda tenho pensamentos negativos a meu respeito e se você me perguntasse na ocasião eu diria: "Sim, é isso o que penso de mim."

Mais tarde, eu teria um sonho em que um homem me violenta e então eu perceberia: "Não, foi um animus mau em mim que pensou aquilo." Aí então eu poderia me desidentificar e ponderar: "Por que diabos eu havia de pensar isso a meu respeito? Certamente, *eu* não penso isso." Como vê, essa é a essência do que chamamos possessão. Quando está possuída pelo animus, a mulher pensa que o animus é ela. Só quando, ou se, ela acordar é que poderá perceber: "Não, isso não sou eu."

Ao descrever uma mulher presa no animus negativo, a senhora usou a palavra "possessão". Usualmente isso se liga a religião e bruxaria.

Bem, os médiuns entram em transe e então são possuídos por uma certa divindade. No Haiti, por exemplo, as pessoas entram em transe e divindades masculinas ou femininas penetram nelas. Elas ficam então *possuídas* por um deus. Sua voz se altera quando o deus fala através delas. Tornam-se o cavalo, e o deus, o cavaleiro. Tenho um livro sobre estados de possessão no Haiti no qual há uma foto de três homens médiuns incorporando o mesmo deus, *Legbe*. No transe os três fazem exatamente os mesmos movimentos. Quando possuídos, todos se comportam do mesmo modo. Eles estão, nós diríamos, possuídos por uma figura arquetípica. Quando acordam, esses médiuns não costumam lembrar-se do que disseram no estado de transe.

Ora, esses médiuns são a forma extrema de algo que é normal no ser humano. No decorrer do dia, nosso campo de consciência é penetrado por complexos autônomos. Você perceberá isso se observar a direção geral dos seus pensamentos durante o dia. Você pode estar num estado de espírito amigável e afetivo quando subitamente pensa em algo negativo; então, ódio e amargura entram em cena. Quinze minutos depois, você pode estar pensando em como vingar-se de alguém por algo que lhe foi feito. E então, enquanto pensa em outra coisa qualquer, a cena anterior muda de novo. Se nos observarmos atentamente, veremos que há uma pessoa diferente para cada mudança de humor.

Eu poderia lhe fornecer uma lista completa das pessoas que posso ser. Sou uma velha camponesa que pensa em cozinhar e cuidar da casa. Sou uma intelectual que pensa como decifrar manuscritos. Sou uma psicoterapeuta que pensa como interpretar sonhos. Sou um moleque travesso que adora a companhia de crianças para pregar peças nos adultos, e assim por diante. Eu poderia falar de mais vinte personagens desses. Eles de repente entram na gente, mas percebendo o que se passa você pode mantê-los fora do seu sistema, ou brincar com eles e depois pô-los de lado. Mas se estiver possuído, eles entram em você involuntariamente e você os atua também involuntariamente. Por exemplo, posso chamar o personagem travesso e mandá-lo de volta para dormir quando sinto "chega, agora basta". Isso não é possessão. Um dos objetivos da psicoterapia é ajudar as pessoas a manter uma identidade constante e conviver com sua família interior de almas sem ficar possuídas por elas.

O animus é a forma mais freqüente de possessão na mulher. De repente, ela é invadida por um estado de espírito de fria determinação masculina, é tomada por um tipo de pensamento abstrato, fundado em opiniões e dominada por um impulso de agir de forma rude, brutal, determinada – traços esses que não fazem parte do seu caráter feminino. Quando uma mulher fica possuída pelo animus, o caráter feminino do seu rosto desaparece, seus olhos e a expressão de sua boca tornam-se rígidos. Noto que quando caio no animus levanto os ombros como quem se prepara para um combate. Quando faço isso, digo para mim mesma: "Ôpa, ôpa, pare e relaxe."

Os homens costumam ter dificuldade de se relacionar com uma mulher possuída pelo animus.

Eu diria que isso é óbvio!

Os homens dizem que uma mulher possuída pelo animus negativo parece só ter um objetivo – criar uma discussão e ganhar a qualquer custo, derrubando tudo à sua frente. Mas quando o homem contra-ataca, a mulher vira uma menina ferida.

Quando estão no animus, as mulheres adoram fazer esse jogo duplo com os homens. Primeiro elas atacam brutalmente, em geral com uma língua viperina, e quando o homem reage elas viram meninas frágeis e assustadas atacadas por um homem bruto, embora tenham atacado primeiro. A esse eu chamo animus gangster. Ele põe na frente uma menina como escudo, para que ninguém possa atirar nele. As mulheres com um animus gangster são de um lado meninas inseguras e suscetíveis a quem um homem não ousa fazer *buh*, e ao mesmo tempo são feras brutais que atacam com maldade. Elas reclamam que o homem não lhes dá atenção e o menosprezam com observações agressivas.

Os homens então se sentem inadequados, porque as lágrimas femininas fazem com que se sintam em culpa. Mas é um truque. Essas mulheres fazem os homens se sentirem culpados, e daí eles sentem que são uns brutos que fazem a mulher chorar. Os homens ficam incomodados e reagem de forma imprópria porque se sentem acuados.

Esse animus negativo interfere na relação da mulher com os filhos?

Sim, o animus de fato interfere com o sentimento materno em certas mulheres se elas não tiverem um instinto materno suficientemente forte. Digamos, por exemplo, que uma criança se comporta mal, faz manha e derrama a sopa. Uma reação normal seria ficar brava e dar uns gritos. Se a coisa não for longe demais, é uma coisa normal para a criança aceitar isso. Mas aí o animus chefe de polícia diz internamente à mãe: "Não, isso não é uma boa educação. A criança vai ficar traumatizada." Então ela engole a raiva e faz algo muito pior. É por isso que, no sonho de que falávamos, a mulher vai para o banheiro e vomita. Ela obviamente engole mais do que pode e mais do que devia. Você vomita se tiver comido algo que não devia, algo que seu estômago recusa. Ela engole sapos demais. Eu arriscaria dizer que muitas vezes seus filhos a perturbam, mas em vez de dar um berro: "Vocês estão insuportáveis. Vão para o inferno!", ela engole tudo. Só que as crianças gostam de reações fortes se estas se apoiarem num subentendido amoroso. Estive certa vez numa *trattoria* italiana onde uma mulher cozinhava para a freguesia inteira e ao seu redor corriam doze crianças. Ela não parava de esbravejar com eles e de lhes dar tapas na cabeça. Nunca vi crianças tão saudáveis, porque tudo acontecia numa calorosa atmosfera de amor materno.

Por outro lado, a criança não reage apenas à ação e ao comportamento da mãe. Há mães que parecem muito boas mas que têm algo errado em seu inconsciente. Vem à mente a história terrível de uma mulher, mãe de duas filhas. Ela era amorosa e dedicada às filhas. Não era nem severa, nem tolerante demais. Mas as duas meninas viviam sonhando que à noite a mãe entrava em seu quarto sob a forma de lobo e as ameaçava. Alguns anos depois, a mãe subitamente ficou psicótica. Neste caso, as meninas não reagiam ao bom comportamento da mãe, mas a seu inconsciente doente. Elas se sentiam ameaçadas pela natureza inconsciente doente da mãe. Vê-se assim que pode haver mil razões para uma criança reagir de forma negativa.

Há afetos invisíveis que passam de pais para filhos com uma intensidade ainda maior que os visíveis. Fica-se conhecendo famílias onde reina uma vida familiar feliz e não se consegue entender por que os filhos de repente ficam neuróticos e se desencaminham; mas se você cavoucar a situação, há afetos invisíveis por trás das costas de todos os membros.

A atmosfera invisível é muito mais poderosa do que aquilo que se vê. Por isso Jung nunca escreveu muito sobre pedagogia. Ele dizia que não faz muita diferença o que você diz ou faz com os filhos. O que importa é que você seja saudável, irradiando assim uma atmosfera saudável e positiva. Nesse caso, não faz tanta diferença o que se diz. De qualquer forma, os filhos não ouvem mesmo. Eles reagem ao que está por trás. As crianças, por assim dizer, ainda estão nadando no inconsciente, na atmosfera de uma situação, e é a isso que reagem.

Isso parece simples demais para um pai ou mãe: "Seja psiquicamente saudável e seus filhos crescerão bem!" Mas não é fácil. As mulheres em nossa sociedade são bombardeadas com instruções sobre o melhor meio de criar os filhos. A televisão fala a respeito, as revistas falam a respeito, até sua própria mãe tem um lista do que ela deve fazer. O mundo todo lhe diz o que ela faz de errado.

Isso é o animus negativo. Essas opiniões coletivas violentam a mulher e anulam seus pensamentos e reações afetivas individuais.

Por exemplo, quando me deixo levar por pensamentos destrutivos sobre mim ou meu trabalho, posso ter um sonho em que estou sendo perseguida por homens hostis. O sonho diz: "Esses pensamentos negativos não são você. Eles são o animus hostil em você. Você deveria correr desses pensamentos destrutivos. Eles a destruirão se você ficar com eles".

Pense, por exemplo, na mulher que se aborrece porque o filho derrama a sopa. Seu sentimento natural a levaria a dizer: "Mas que droga! Você derramou a sopa de novo!" Mas aí o animus pedagógico diz: "Você não deve gritar com o menino. Isso não é pedagogicamente correto." Então ela violenta seu sentimento individual com seu animus pedagógico coletivo. Ela violenta sua natural reação feminina ao dizer que não devia ter uma natural reação feminina.

Não poderia um sonho de estupro ser interpretado positivamente, isto é, como se a mulher fosse possuída por algo construtivo?

Eu diria que depende de quem é o autor do estupro. Se ela sonha que uma figura poderosa, saudável, ou de algum modo positiva a violenta – bem, mesmo assim eu não gostaria porque a situação é muito passiva. Você poderia argumentar que ela está possuída por algo positivo. Mas a palavra estupro significa que ela está passiva demais. Ela não disse "sim", de modo que a coisa não está certa. É uma espécie de evento psicológico, mais do que uma situação aceita. Portanto, mesmo que o sujeito ativo seja positivo, a coisa não está certa.

Existe uma imagem arquetípica desse animus negativo?

O exemplo clássico do animus destrutivo, do qual a mulher deve fugir a qualquer preço, encontra-se no famoso conto de fadas *O Barba-Azul*, no qual a heroína entra num castelo e descobre que o dono decapitou e esquartejou as esposas que teve. Tendo descoberto o segredo, ela mal consegue escapar, com a ajuda dos irmãos. Barba-Azul é a imagem clássica do animus destrutivo. Se uma mulher não conseguir fugir dos pensamentos autodestrutivos e autonegadores do animus negativo, ela poderá sofrer um severo distúrbio psicológico. As mulheres que não conseguem fugir do seu Barba-Azul em geral acabam isoladas e amarguradas, mulheres que os homens não podem amar, que não encontram parceiros e vivem em amargo isolamento, quando não em situação ainda pior.

"Então eu vi Satã saindo de um homem, como aquelas figuras nos livros de catecismo. Ele tinha dois chifres e cabelos pretos, e saiu pela janela."

Uma funcionária pública

Os homens sempre criaram a imagem de mulher ideal. Marilyn Monroe, como vimos, era cultuada como uma deusa. O animus também adquire essa forma idealizada?

O que Marilyn Monroe foi para os homens, Rodolfo Valentino foi para as mulheres. Ele representava o amante demoníaco ideal, capaz de transportar a mulher para um êxtase romântico no qual ela poderia criar fantasias sobre o *Sheik*. É claro que essa situação ocorre também nos filmes atuais. Em geral, quando estão infelizes no seu relacionamento com os maridos ou amantes, as mulheres sonham e fantasiam que são carregadas para encontros amorosos noturnos e secretos com seu animus.

"E então, no sonho, fui seguida por um homem alto e loiro que me envolveu em seu manto e me levou para sua caravana de ciganos."

Uma atriz inglesa

A figura do amante demoníaco exerce uma espécie de fascínio divino ou diabólico sobre a mulher e a torna incapaz de se relacionar com um ser humano comum. Ele aparece personificado como Heathcliff no romance *O morro dos ventos uivantes*, de Emily Brontë. Nesse livro, a autora mostra o poder da identificação fazendo a heroína dizer: "Eu não amo Heathcliff. ...eu sou Heathcliff." É interessante notar que a própria Emily Brontë achava que seu gênio, seu grande dom de escritora, a transformara numa trágica figura solitária. Em geral, ter um amante demoníaco acaba em tragédia. A mulher fica incapacitada para viver e se relacionar com os outros; ela é arrastada para o mundo dos sonhos, para o inconsciente.

Há um grande perigo psicológico nas figuras que Jung denominou animus e anima. Esses elementos contra-sexuais podem alienar por completo um ser humano do seu contato com a realidade e a sociedade. O animus, assim como a anima, é uma figura interior muito ambígua e muito perigosa, que deve ser tratada com grande sabedoria.

Capítulo 15

Voando sobre os Telhados

"E a Bela então disse: 'Sim, Fera, eu me casarei com você.' Nesse instante, o castelo foi iluminado por um clarão e invadido pelo som da música. A Fera desapareceu e em seu lugar estava agora um lindo príncipe, que contou à Bela ter sido encantado por uma bruxa. O feitiço desapareceria quando uma bela moça amasse a Fera apenas pela bondade desta."

A Bela e a Fera

Certa vez me disseram que entender ou não meus próprios sonhos não era importante. O que importava era que os sonhos me entendessem. Minha atitude frente aos meus próprios sonhos determinaria sua atitude com relação a mim. Trata-se de um diálogo vivo. Quando damos ouvidos aos sonhos nós mudamos, e quando são ouvidos, eles se transformam.

Dra. von Franz, esses quatro sonhos de uma aeromoça demonstram que o inconsciente responde à atenção consciente. As figuras masculinas se transformam quando ela assume uma postura firme e passa a se relacionar com elas na base do sentimento.

O primeiro sonho é difícil de interpretar, porque em sua situação exterior a mulher que teve o sonho é uma aeromoça. Voar, portanto, tem aqui uma dupla conotação. Refere-se ao que ela de fato faz na vida, mas a imagem tem também um sentido simbólico que descreve como ela está se comportando psicologicamente. Podemos, claro, acrescentar que não é por acaso que ela escolheu a profissão que tem, de modo que, num sentido mais profundo, os dois significados são um só.

> "Tive um sonho em que eu podia voar, mais ou menos como Samantha em *"A Feiticeira"*, atravessando o telhado e desaparecendo. Eu voava através dos telhados, rumo às nuvens. E lançava ao meu redor uma névoa cinza que me rodeava para ninguém me ver. Podia ver os outros, mas ninguém me via. Voei até as nuvens e fiquei lá sentada, sem peso algum, tomando chá com alguém."
>
> *Sonho de uma mulher*

Ela está voando pelo ar e consegue até criar uma névoa cinzenta que a torna invisível. Aqui eu ficaria com a conotação ligeiramente negativa de voar. A falta de peso e o fato de tomar chá numa nuvem indicam uma atitude leviana e irrealista – agradável, mas irrealista. Não há Terra. Para os ingleses, tomar chá representa estabelecer um contato leve, de conversa, social, com as pessoas. O chá é uma bebida estimulante, mas que não alimenta.

A névoa cinzenta indica o papel que uma aeromoça deve desempenhar. Ela tem que ser uma gueixa encantadora. Ela é a garçonete do ar. Ninguém se interessa por sua vida privada, por ela enquanto mulher ou ser humano. Devido a seus horários inconstantes, aeromoças e comissários de bordo são tentados a se envolver em casos leves, mais do que em relações profundas e permanentes. Os horários de trabalho dificultam sua vida. É por isso que no sonho seguinte ela está na prisão.

> "Eu estava numa prisão, do tipo antiquado, como num filme de faroeste. A construção era de madeira e dava para ver duas ou três celas atrás da escrivaninha. Os guardas falavam sobre as recentes ocorrências de fugas. Havia mais pessoas presas. Uma saiu do chuveiro, outra foi tomar banho e fugiu. Os dois guardas falavam disso e diziam que era muito estranho que na mesma noite houvesse duas fugas. Daí eles se viraram e olharam para mim. Achei aquilo muito suspeito e acordei."
>
> *Sonho de uma mulher*

Eu tomaria a prisão como sendo o horário ao qual ela está presa. É uma prisão muito difícil porque ... bem, digamos que a aeromoça, esta do sonho, encontra um homem de quem gosta. Ela pode estar com ele por duas horas no aeroporto tal, mas tem que pegar o avião de volta na mesma noite. Portanto, ela está sempre na prisão e exceto durante as férias, não tem um momento livre. Além disso, há o desconforto físico da defasagem de fuso horário nessa profissão. O sono irregular e o desconforto tornam essas pessoas ainda mais desenraizadas, ainda mais dissociadas de seus corpos e de sua própria profundidade. Até mesmo sonhar é difícil para uma aeromoça. Ela dorme uma vez de dia, outra de noite, outra de tarde. Quando é que vai ter tempo de anotar ou pensar sobre seus sonhos? A profissão é difícil mesmo. Pode servir para jovens que gostem do espírito de aventura, mas com o passar dos anos vem o desejo de se aposentar. Há nessa mulher um desejo de libertar-se da prisão e viver uma vida sua. O sonho diz que é necessário fazê-lo.

"Sonhei que morava com minha amiga Suzie num amplo apartamento de dois quartos. Suzie estava desempregada e quando eu voltava do trabalho encontrava a casa na maior bagunça. Isso me dava nos nervos.

Certa vez saí de um vôo, fui para casa e Suzie lá estava. Ela havia derramado vinho tinto sobre o tapete cinza-claro. Eu estava chateada porque é difícil remover as manchas. Fomos então à loja Simpson's e ficamos o dia todo procurando artigos de limpeza. Subíamos e descíamos só para comprar esponja e alvejante. Voltamos para casa e por fim limpamos a sujeira.

Daí minha mãe veio fazer uma visita. Suzie saiu. Minha mãe e eu conversávamos sobre o apartamento de dois quartos, nos perguntando se valia a pena ter esse espaço extra, que criava tanto problema. Comecei a pensar se não devia voltar a viver sozinha no apartamento de um cômodo da minha mãe. Nesse ponto minha mãe desaparece do sonho.

Voltei de um vôo e queria lavar minha roupa, pois por alguma razão eu não o tinha feito em nosso prédio. Juntei as peças e fui à casa de uma amiga. Ela e o marido começaram a dizer que isso era bobagem. Por que eu haveria de lavar minha roupa lá? Eu realmente não devia estar lá.

Nesse ponto uma festa começou e pessoas dançavam. Eu dançava com uma mulher que não tinha peso. Ela era grande e eu precisava segurá-la. A roupa estava lavada e voltei para meu apartamento.

Eu andava pelo terraço do meu apartamento. Todas as portas estavam abertas e não havia proteção, a não ser uma grade que impedia que eu caísse. Eu estava no décimo segundo andar. Perto da porta do meu apartamento, vi um homem pendurado na grade. Era meu irmão. Suzie o prendera lá. Ele estava inconsciente. Era difícil desamarrá-lo sem que ele despencasse lá do alto.

Entrei no apartamento, peguei uma tesoura e outras coisas e comecei a soltá-lo com muito cuidado. Daí tirei-o da grade, coloquei-o no terraço e o arrastei para dentro. Cobri-o com cobertores e sabia que ele ficaria bem."

Sonho da mesma mulher

Limpar e lavar, na maioria das vezes, são a conexão feminina com a terra, com o corpo, com o mundo material. São uma expressão de amor pela matéria, de devoção ao princípio da matéria. Devido à sua profissão, essa moça não pode expressar essa devoção nem psicológica, nem externamente. Se ela pudesse viver o lado Suzie de sua personalidade não haveria tanta dificuldade. Mas ela não pode viver esse lado que gosta de cuidar da casa, de viver introvertidamente sonhando acordada enquanto faz limpeza. Você sabe, lavar louça é uma recreação muito criativa, que nos permite entrar nas fantasias e pensamentos, refletir sobre os sonhos etc., – coisas que essa aeromoça não pode fazer. Portanto, Suzie é briguenta, faz travessuras e bagunças. No fim vemos que ela deixa pendurado o irmão da sonhadora.

Observe que quando a moça vai lavar roupa ela não o faz em sua própria casa. Ela vai até a casa de amigos e lava a roupa suja lá. Lavar roupa suja é discriminar todas as pequenas coisas sombrias que se fez, para refletir sobre elas. Em geral, se fazemos alguma maldade contra nossa vontade, se causamos algum mal a nossos amigos ou nos esquecemos de algo importante, ficamos conscientes disso tudo por algum tempo, mas logo colocamos o assunto de lado e nos esquecemos o mais rápido possível. A coisa acontece de manhã e à tarde já está esquecida. Assim acumulamos um monte de roupa suja e, de tempos em tempos, precisamos lavá-la. As pessoas dizem: “Meu amigo disse tal coisa a meu respeito, fez fofocas a meu respeito e eu me zanguei.” Nesse caso, ambos projetam a sombra um sobre o outro e ela aparece em pequenas discussões e ciumeiras. Isso é roupa suja. Na verdade, o tratamento psicoterapêutico é em grande parte uma lavação de roupa suja. Mas note que no sonho a moça não o faz em casa. Ao contrário, ela vai para a casa de uma amiga, onde encontra uma mulher sem peso com quem dança e que tem que segurar.

Essa mulher sem peso é outro lado sombrio dela, outra parte de sua personalidade que não tem peso nem substância. Na linguagem coloquial dizemos: “O que ele disse não tem peso” ou “em termos de personalidade, ela é um peso leve”, o que significa que a pessoa não tem validade psíquica, não tem substância. Por estranho que pareça, o que nos confere substância é a sombra. Nossa sombra é a coisa positiva. A sombra dessa moça não tem peso porque ela lava a roupa suja fora de casa. Isso quer dizer que provavelmente ela gosta de fofocar, de criticar os outros com os colegas e assim por diante. Mas ela nunca leva a coisa para casa, para si mesma. Ela nunca se pergunta: “O que *eu* estou fazendo aos outros?” Ela não carrega o peso dessa responsabilidade. Ela ainda não se conscientizou de sua sombra e portanto sua outra personalidade não tem peso, no sentido negativo.

Na última parte do sonho ela descobre uma situação catastrófica, ou seja, sua amiga/inimiga Suzie enforcou o irmão dela no terraço do décimo segundo andar. Ora, na realidade essa pessoa contribui substancialmente para a educação do irmão mais jovem, desempenhando para ele o papel de mãe. Podemos assim encarar o irmão mais jovem enforcado como sua própria possibilidade de estudar e de seguir uma carreira intelectual. Trata-se de seu lado masculino, de sua mente intelectual. Provavelmente ela negligencia esse lado, ou melhor, ela não pode vivê-lo em sua atual profissão e assim projeta-o no próprio irmão. Ela dá dinheiro e devoção ao irmão e desfruta vicariamente o fato de ele receber uma educação, quando na verdade ela é que deveria estar se educando. Projetando sobre o irmão, ela evita seu próprio desenvolvimento. É óbvio que ela não deveria continuar nesse emprego de aeromoça. Ela tem uma boa cabeça e deveria mudar de profissão.

Mas sua sombra Suzie deixa seu irmão enforcado. Sua sombra Suzie é o mecanismo que projeta o *homem-que-segue-uma-carreira* em seu irmão, de tal forma que a sonhadora vê sua masculinidade realizada no irmão em vez de vê-la como uma parte sua. Ela deve, portanto, pôr o irmão no chão e trazê-lo para dentro do seu espaço. Mas a manobra é perigosa. Ele poderia despencar daquela altura. Psicologicamente, o perigo é que ela ficasse impressionada com a idéia de ela própria fazer o que vem pagando o irmão para fazer por ela, deixando cair a iniciativa antes de começar.

Cair de repente num sonho em geral tem a ver com algum súbito desapontamento na realidade exterior, desistir de tudo, cair no nada. Isso seria nela uma reação que diria: "Não tem jeito. Nunca conseguirei nada. Não sou capaz. Desisto." E aí ela literalmente se atiraria do balcão e não faria o esforço necessário para construir sua própria vida pessoal. É perigoso para ela perguntar: "Por que estou pagando pela carreira do meu irmão? Será que não sou eu que devo fazer algo além de ser uma aeromoça?" Isso seria trazer o irmão para dentro do seu mundo interior, do seu verdadeiro ser. É esse o empreendimento perigoso que é recomendado no fim do sonho. E no sonho parece que ela consegue

Qual o significado da parte do sonho na qual ela discute com a mãe a possibilidade de deixar Suzie e ir viver no apartamento desta, que só tem um dormitório?

Na vida exterior, sua mãe é uma pessoa prática e com os pés no chão; provavelmente representa alguém que sempre oferece uma solução rápida e prática. Ora, se a sombra incomoda, a solução rápida e prática é evitá-la, ir embora e ter um apartamento só para si – não viver com Suzie, por assim dizer. Em outras palavras, a coisa mais prática é reprimir a sombra. Você percebe isso quando quer falar com alguém sobre a sombra e a pessoa muda de assunto: "A propósito, eu queria lhe contar..." e fala de outra coisa. Esse é o jeito prático de se livrar de Suzie. Mas, na verdade, não é nada prático – é no momento, mas depois paga-se por isso.

Por que os sonhos usam nossos amigos para personificar os aspectos sombrios da nossa personalidade?

Porque fazemos amizade com as pessoas que vivem nossa sombra. Nossos amigos fazem aquilo que não conseguimos fazer. Diga-me quem são seus amigos e eu tenho o panorama inteiro de suas boas e más qualidades. Essas nossas boas e más qualidades exercem sobre nós uma atração, um fascínio. O amigo muitas vezes é a pessoa que invejamos. É mais elegante, ou dança melhor, ou se sai melhor na vida exterior, ou é mais profundo, ou tem uma cabeça melhor. Portanto, se não trabalharmos nossa própria sombra, haverá sempre uma espécie de relação de amor e ódio com a sombra e com nossos amigos.

No sonho a seguir aparece uma figura masculina sob um aspecto muito negativo, mas a sonhadora lida com ele diretamente e com firmeza.

> "Sonhei estar num grande aeroporto, cheio de gente. Havia muitas armas e gente atirando. Um cara parecia querer algo de mim e me seguia. Eu me escondia, mas ele sempre me achava. Ele apontava um rifle para mim e eu não gostava nada disso. Fiquei apavorada. No fim, olhei para ele e disse: 'Olha aqui, eu não quero morrer. Não gosto dessa história de você ficar apontando seu rifle para mim.' Daí ele foi-se embora."
>
> *Sonho da mesma mulher*

Pronto, temos aqui um sonho em que a figura masculina, o animus, desempenha um papel proeminente. Há rifles e tiros por toda parte. A situação dá medo e um desconhecido aponta um rifle para ela. Tendo em mente que essa mulher é uma aeromoça, podemos dizer que, com os terroristas atuais, ela poderia a qualquer momento encontrar-se nessa mesma situação na vida exterior. O sonho pega essa fantasia, essa situação possível, e a torna real.

Há um caos psicológico no lado masculino da sua personalidade. Isso tem a ver com o fato de a sonhadora ter muito pouco contato com o pai. Como essa primeira experiência de um homem praticamente inexiste, ela abriga essa situação caótica. Em casos assim, não há uma pré-formação na mulher que a ajude a se relacionar positivamente com um homem mais tarde na vida. Ela, na verdade, não sabe o que os homens são, nem como se relacionar com eles. O que ela sabe é lançar ao seu redor aquela névoa cinzenta e mostrar-se como uma mulher atraente aos homens, mas quando se trata de estabelecer um relacionamento humano ela cai nesse caos assustador. E aí, no sonho, um homem se destaca. Só que ele é desconhecido. Essa é a experiência que ela tem dos homens tanto na vida exterior como na sua masculinidade interior. Ela não conhece o lado masculino da sua personalidade, o lado que sabe o que ela quer, tem objetivos claros, tem força de vontade e energia – todas as qualidades que lhe fazem falta.

No sonho anterior, a figura masculina, seu irmão, estava dependurado – completamente imobilizado. Aqui sem dúvida ele é ativo, negativo porém ativo.

Esse homem lhe aponta um rifle. Um rifle é um símbolo fálico, masculino, e aponta para um alvo, indica precisão, ser capaz de querer algo, ter um objetivo acuradamente em mente e atingi-lo. Como essas qualidades, em geral, são inconscientes na mulher, elas são projetadas nos homens ou aparecem em seus sonhos como uma figura masculina interior. Esse homem aponta o rifle negativamente contra ela. Ele a ameaça e ela se amedronta. Aí ela de repente percebe que ele é responsável por sua assustadora situação.

Quando a figura contra-sexual interior numa mulher é negativa, como este atirador, ela personifica julgamentos negativos extremamente aguçados a seu próprio respeito. "Você não é ninguém. Você nunca conseguirá nada. Os homens não gostam de você. Eles só querem sexo com você. Ninguém a ama. Você nunca arranjará um marido. Você não é mesmo uma boa mulher. Sua vida continuará sempre tão sem sentido como agora." Esses pensamentos autodestrutivos a desligam da sua feminilidade e bloqueiam qualquer possibilidade de se relacionar com um homem no plano externo de forma positiva. É, portanto, um grande progresso no sonho que ela repentinamente pare de fugir, escondendo-se em sua névoa cinzenta e pense: "Não sou eu; esse homem é que é o responsável por minha apavorante situação." É como se nesse momento ela saísse de um emaranhado e percebesse que esses pensamentos negativos são algo fora dela. Eles não são pensamentos seus. É como se ela dissesse: "Não sou eu que penso isso; é apenas algo em mim que pensa esses pensamentos e eu não preciso acreditar neles."

Lembro-me de ter sonhado uma vez que um ladrão assassino entrou em meu quarto; acordei com um grito de medo. Refleti o que eu tinha pensado na noite anterior. O dia anterior havia sido muito tranqüilo e não poderia ter provocado aquele sonho. Aí lembrei que antes de dormir eu tinha pensado: "O livro que estou escrevendo é uma grande bobagem e seria melhor jogá-lo fora." Achei que *eu* realmente havia pensado isso. Depois, refletindo sobre o sonho pensei: "Não, não acho isso. Algo pensa isso em mim e eu não preciso acreditar. Eu não penso isso de forma alguma." Daí pude me desembaraçar do pensamento negativo. Não o aceitei. E assim, nesse sonho da aeromoça, ela deve se conscientizar de que é o homem negativo dentro dela que sempre repete "Você não é ninguém. Você nunca conseguirá se relacionar bem com um homem, blá, blá, blá", não é ela. Aí o milagre acontece! Nesse momento o atirador levanta-se e vai embora.

É de fato assim tão simples? Basta trazer o animus negativo para a consciência para que ele se transforme?

É tão difícil e tão simples quanto isso. O sonho lhe mostra que se ela conseguir despertar e perceber que os julgamentos críticos e as opiniões negativas sobre si mesma não são de fato o que ela pensa, ela será capaz de mandar o diabo de volta para o inferno. Aí ela poderá se desenvolver como mulher.

Capítulo 16

O Guia Interior

"O animus positivo é a consciência instintiva mais íntima da verdade interior, uma verdade interior básica que guia a mulher espiritual na sua individuação, para que realize o seu próprio ser."

Marie-Louise von Franz

Em seu livro A Grande Mãe, *Erich Neumann observa que, ao dar à luz, a mulher é órgão e instrumento de transformação tanto de si mesma como do bebê. Seu corpo é uma veículo inconsciente através do qual a natureza se reproduz. Ao dar à luz a mulher transforma-se em mãe e, ao contrário do homem, se torna a mãe da qual proveio. O que nasce dela lhe pertence e permanece ligado a ela. Nutrir e proteger, acalentar e sustentar são as funções do feminino materno com respeito à criança. Essa energia materna instintiva é um poder impressionante da mulher.*

"Nesse sonho eu subia de bicicleta até Pitchcombe Hill e me surpreendia com minha própria energia. Eu estava cheia de vitalidade. Quando cheguei no alto do morro vi nuvens se aproximando, ia cair uma tempestade. Alguns dos homens que estavam comigo sugeriram que esperássemos a chuva passar.

Descemos das bicicletas e olhamos para o vale. Vimos lá longe uma grande onda, da qual saía um enorme peixe que veio deslizando pelo chão até nós. Um dos homens disse que o Armagedão se aproximava. Isso me deu um certo pânico, mas também uma sensação confortável porque estava entre amigos e sabia que tudo ia dar certo."

Sonho de uma inglesa no oitavo mês de gravidez

"Há algumas semanas, quando entrava no quinto mês de gravidez, tive um sonho muito perturbador. Tive muitos sonhos assim e outras mulheres do meu grupo pré-natal também. Uma delas contou que costuma sonhar que está matando seu gato, que está na cozinha cortando a cabeça dele ou algo parecido. O sonho se repete. Esse meu foi muito inquietante.

Eu estava no campo e à minha esquerda via uma velha casa de fazenda. Percebi que fazia parte de uma espécie de comunidade rural. Vi alguns *cowboys* que vinham descendo um morro. Quando chegaram embaixo, começaram a atirar em pessoas que saíam da casa, especialmente mulheres grávidas e crianças. Fiquei perturbada e perguntei o que estavam fazendo. Disseram que a única maneira de ter lucro era livrar-se do excedente de pessoas, que a comunidade podia alimentar a todos, mas que para realmente ter lucro era preciso livrar-se de algumas pessoas. Percebi que provavelmente me matariam também. Entrei na casa e me vesti de *cowboy*. O problema é que minha barriga estava tão grande que não dava para fechar a calça. Eu estava vestida de *cowboy* com a barriga aparecendo. Saí da casa sorrateiramente. Olhei para trás e vi que eles jogavam corpos numa fogueira."

Sonho de uma jovem na primeira gravidez

Dra. von Franz, por que as mulheres grávidas costumam ter sonhos perturbadores?

Sonhos assim são típicos de mulheres grávidas. O estado de gravidez, especialmente para a mulher moderna e ativa, é muito difícil, porque, pelo bem da gravidez e do bebê que virá, a mulher deveria entrar num estado de contemplação, de quietude, de ficar chocando. As mulheres grávidas deveriam ter uma vida tranqüila, respeitando seus ritmos naturais. Mas o impulso de ação que elas sentem entra em conflito com isso.

Certa vez Jung disse: "As mulheres são adoráveis e encantadoras, correm atrás dos homens até conseguirem se casar, e então se transformam em diabos que atormentam os homens de manhã até de noite."

Isso é porque estar casada é também estar comprometida com uma situação e um destino específicos, e algo na mulher se assusta com isso. Antes de se casar, a mulher pode sonhar com o que poderia ou gostaria de fazer. Ela pode sonhar que se casa com um repórter da televisão e viaja pelo mundo, ou que arranja um marido rico e pode fazer tudo o que quiser, ou com um fazendeiro, e daí ter sua própria fazenda – sua vida é cheia de possibilidades. Mas ao casar-se com o homem que ama ela se compromete com ele para o que der e vier, e aquela parte sua que quer ser livre se ressente.

É por isso que essas figuras masculinas – os vários aspectos do animus – costumam aparecer em seus sonhos e atacá-la. Os ataques são ainda piores durante a gravidez porque enquanto não há filhos a mulher ainda pode brincar com a idéia de divórcio, mas quando um bebê está a caminho ela se sente comprometida pelos próximos dez ou quinze anos. E aquele lado rebelde e amante da liberdade da personalidade da mulher se revolta.

No segundo sonho, a mulher sonha com esses *cowboys* que atacam e atiram nas grávidas e as queimam na fogueira. Os *cowboys* representam dentro dela não exatamente algo mau, mas seu próprio impulso temperamental de ação, de viver uma vida ativa, o que não se coaduna com a gravidez. Eles querem que a fazenda prospere e dê lucro, mas esse não é o momento de trabalhar por lucro ou objetivos externos. A gravidez é um período de introversão e, portanto, se a mulher até então teve uma vida muito ativa, surge um conflito que se espelha no sonho. Mas o fim do sonho é bom, porque ela percebe que pode dar um jeito e escapar ilesa.

Como pode a mulher grávida lidar com essa situação?

Em geral o problema é projetado e o pobre do marido tem que pagar o pato. Ele passa a ser o causador de tudo. Ele a pôs nessa situação comprometida de gravidez, e uma mulher moderna diz: "Agora estou confinada a este apartamento, não posso desenvolver minha personalidade, não posso fazer o que quero e a culpa é sua." Embora ela quisesse se casar com ele e ter filhos, a culpa agora é dele.

Haveria uma solução construtiva?

Uma mulher moderna com filhos enfrenta uma difícil tarefa, pois ela quer satisfazer as demandas de sua natureza materna e ao mesmo tempo desenvolver sua própria personalidade. Eu acho que ela deveria manter um equilíbrio. Ela deveria dizer: "Tenho um marido e eu o quis. Tenho um filho e eu o quis. Mas eles não me impedem de desenvolver outros aspectos. Farei as duas coisas. Continuarei a desenvolver minha personalidade independente e aceitarei este confinamento." Naturalmente não se pode ter os ovos e o bolo. Costumo dizer às mulheres jovens: "Veja bem, você queria ter um marido. Você queria ter filhos. Agora não pode jogar tudo fora e ir para a universidade tornar-se uma catedrática. Você tem que aceitar um compromisso. Por exemplo, pode estudar um pouco apesar dos filhos e se preparar para construir uma carreira masculina mais tarde, quando as crianças estiverem na escola." Ainda resta uma segunda metade da vida, quando a mulher pode preencher seus desejos mais masculinos.

O sonho seguinte é de uma mulher na segunda metade da vida e nele vemos um tipo diferente de nascimento, o nascimento de um guia espiritual que vem do útero de uma mãe não física, mas espiritual.

> "Nesse sonho eu nadava numa caverna muito profunda e escura. A água também era escura. Na extremidade da caverna havia uma rocha enorme. Nessa rocha estava um cachorrinho bege, felpudo, com os olhos de ouro. O animal sorria para mim e eu sabia que ele representava Cristo. Não sei como, mas eu sabia."
>
> *Sonho de uma mulher*

Vemos aqui o símbolo do Cristo interior nas profundezas da alma. Ele não está lá fora no céu, como o ensinamento cristão nos diz, ou em algum nível espiritual metafísico. Ele está nas profundezas da terra e a terra é uma imagem da matéria, do nosso corpo, da nossa existência física. Em épocas passadas, a caverna sempre foi um lugar sagrado. Mesmo quando o homem já não mais as habitava, elas continuaram sendo santuários. Elas eram, por assim dizer, o útero da deusa-terra, ou da deusa-natureza. A caverna, portanto, simboliza a profundidade da natureza interior.

Ora, esse sonho diz que Cristo não é uma figura exemplar para ser seguida conforme lhe ensinaram. Pelo contrário, você o encontra ao penetrar na profundidade do seu próprio ser. Você o encontra no útero da mãe-Terra.

Mas Ele aparece sob uma forma estranha. Ele aparece como um cachorro. O zoólogo Konrad Lorenz certa vez disse que a domesticação do cachorro e sua transformação em melhor amigo do homem é a melhor e maior conquista que o homem jamais realizou. O cachorro é aquele representante do reino animal que melhor se adaptou a nós. Por isso podemos trazê-lo para dentro de casa. Comparado ao gato, ele é muito mais domesticado. Ele, de fato, abandonou e sacrificou seu modo de vida para tornar-se nosso companheiro. Em épocas anteriores, provavelmente o cachorro era aceito pelo homem devido à sua habilidade de caçador. Seu papel era importante nas sociedades primitivas de caçadores, depois tornou-se um cão pastor, protegendo e mantendo reunidos os rebanhos, e também um cão de guarda, protegendo o homem de ladrões e perigos em geral. Assim o cachorro tornou-se um apreciado auxiliar do homem, carregando a projeção de companheiro, melhor amigo, psicopompo.

Nos sonhos modernos, o cachorro costuma representar essa natureza instintiva. Os cachorros orientam-se pelo faro. Sua visão é curta, mas eles ouvem muito bem e seu olfato é vinte vezes melhor que o nosso. Assim, ele representa o lampejo instintivo ou a intuição que nossa mente computadorizada embotou. O cachorro fareja. Simbolicamente, os cachorros têm uma estranha relação com o outro mundo, o mundo dos mortos, dos espíritos, aquele de onde vêm os sonhos, aquilo que chamamos o inconsciente. Essa relação advém de sua natureza instintiva. Por exemplo, em praticamente todas as religiões do mundo o cachorro é o guia que leva os mortos para o outro mundo. Acreditava-se que quando morriam, as pessoas tinham dificuldade de encontrar o caminho para o além, a terra dos ancestrais, ou o paraíso, o mundo subterrâneo, ou seja qual for a denominação do além numa dada religião. Um cachorro devia ser usado como guia para conduzir a pessoa a esse lugar. Em algumas civilizações mais antigas – a mongólica, por exemplo –, o cachorro era enterrado com seu dono, junto com o cavalo. Quando morria uma mulher grávida, dois cachorros eram postos na sepultura, um para ela e outro para o bebê que não nasceu – eles os conduziriam para o outro mundo. Na antiga Pérsia, quando alguém estava morrendo, trazia-se um cachorro e o moribundo devia lhe dar um pouco de pão ou de carne para que o animal se achegasse e o conduzisse para o além. Em muitos lugares – na África, por exemplo – cães são sacrificados nas sepulturas pela mesma razão. Portanto, o cachorro tem uma estranha relação com o mundo subterrâneo, como se vê no caso de Cérbero, o cão de três cabeças da mitologia grega.

A mais famosa figura canina que conduzia os mortos para a terra do além era o deus egípcio Anúbis, que tinha a cabeça de chacal. Esse deus presidia o embalsamamento que, segundo a crença egípcia, transformava o morto numa pessoa imortal e divina; era uma deificação do morto via tratamento do cadáver. (De fato, o ritual do embalsamamento e deificação era supervisionado por um sacerdote que usava a máscara de uma cabeça de chacal.) Anúbis era chamado de agente da ressurreição. Ele era o guia para o outro mundo. Agora, não há absolutamente distinção alguma entre o inconsciente e o mundo dos mortos. Aquilo que a maioria das mitologias e religiões descreve como sendo a terra dos mortos é o que chamamos de inconsciente. Portanto, você poderia dizer que o cachorro é o verdadeiro condutor para o outro mundo. Com relação ao mundo dos sonhos, ele é o deus-guia no inconsciente. Por isso, em nosso sonho é muito adequado que Cristo seja um cachorro, porque ele é um guardião de almas. Ele zela pela alma da sonhadora e a conduz através da escuridão do desconhecido.

O dourado que o sonho enfatiza refere-se à imortalidade. O ouro era o único metal conhecido dos antigos a não ser corroído pelo passar do tempo ou pela ação de ácidos. O ouro pode ficar enterrado por cinco mil anos e manter-se absolutamente inalterado, ao passo que a prata, o cobre e o ferro enferrujam e se desintegram. Assim o ouro sempre carregou a projeção de imortalidade, eternidade, a substância de valor supremo. Até hoje o ouro é o padrão de valor do nosso sistema monetário, ainda que se argumente que isso é inútil de um ponto de vista prático. Mas ele retém um valor simbólico e por isso, na maioria das civilizações, as figuras e estátuas divinas eram pintadas e decoradas com ouro. Isso sugeria que elas eram eternas, reluzentes, imortais, perpétuas.

No sonho, a mulher percebe que o cachorro é Cristo. É desse modo que Cristo aparece dentro dela. Ele é uma imagem daquilo que denominamos Self, o princípio-guia interior.

Essa imagem do Self é masculina ou feminina?

O cachorro nesse sonho ainda é uma figura mais ou menos masculina identificada com Cristo, e esse é um dos problemas da nossa civilização. Nós não temos uma figura feminina divina. Quando surge, em geral esta assume a forma de uma deusa Mãe Terra ou de uma velha sábia. Lembro-me do sonho de uma mulher grávida muito incomodada com sua gravidez. Ela tinha uma relação negativa com a própria mãe; as mulheres nessa situação costumam ter dificuldade com gravidez. Elas se ressentem por terem filhos, vomitam muito e sofrem desconforto físico. Não apreciam a gravidez, e esta do sonho era assim.

No sonho ela estava sentada na terra, numa caverna, olhando para a própria barriga. De repente, deu-se conta de que havia um piso transparente acima da caverna, e nesse piso encontrava-se uma mulher que ela conhecia, em quem ela projetava o Self. Ela diria que se tratava de uma velha sábia que conhecia os segredos da vida. Essa velha sábia acima dela realizava um ritual rezando para as estrelas. Através de sua oração, a água da vida escorria das estrelas, atravessava o piso transparente e se juntava em seu útero, avivando e nutrindo o bebê. Ela percebeu que essa figura sábia a ajudava a carregar a criança, para que tudo desse certo. Acordou aliviada e a partir de então passou a aceitar a gravidez. Nesse caso, o Self lhe apareceu para ajudá-la a realizar sua tarefa de mãe.

No sonho a seguir, vemos o animus estabelecendo um contato entre a mulher e o Self. Aí ele funciona como guia até a verdade interior.

> "Sonhei que estava traduzindo do anglo-saxão e me deparei com uma passagem muito difícil: era o segundo capítulo de Mateus e cheguei ao segundo versículo. Não conseguia compreender. Então, uma voz de homem, com absoluta autoridade, me disse: 'Esta é a sua estrela-guia.' Acordei."
>
> *Sonho de uma mulher*

Neste caso trata-se de uma *voz* masculina, mas é comum nos sonhos de mulheres que *anjos* (masculinos) as conduzam. Pense por exemplo na santa francesa Joana d'Arc, conduzida pelo arcanjo Miguel, que a aconselhava em sua carreira política e heróica. Esse é o animus positivo, que eu chamaria de consciência instintiva mais íntima da verdade interior, uma verdade interior básica que guia a mulher espiritual em sua individuação, para que realize seu próprio ser. É o oposto do animus negativo, esse grande vigarista.

Ela se dedica a traduzir a revelação cristã para a sua própria linguagem e condição psicológica. Traduzir é um processo de assimilação, de compreender a revelação em seus próprios termos, em vez de simplesmente acreditar no que lhe ensinaram. E aí ela tem dificuldade com a passagem "essa é sua estrela-guia".

A estrela-guia assemelha-se à estrela de Belém. Trata-se daquela passagem que faz alusão à estrela que guiou os reis magos até Jesus recém-nascido. Vimos atrás, no sonho de Gilgamesh, que a estrela-guia é o princípio de individuação. É aquilo que nos guia até o sentido individual absoluto da

> "Ao despertar, consultei essa passagem na Bíblia. Era o seguinte: 'Onde está aquele que nasceu Rei dos Judeus? Pois vimos sua estrela no Oriente e viemos adorá-lo.' Em seguida, procurei 'estrela-guia' no dicionário e vi que nessa estrela a pessoa concentra sua atenção e suas esperanças. Ela então exerce um magnetismo sobre a alma que a segue."
>
> *A mesma pessoa*

nossa própria vida, nosso mais profundo destino cósmico ou divino. A mulher que teve o sonho não consegue descobrir o significado daquela estrela-guia, mas ela o encontra em Mateus 2:2, que alude à estrela de Belém. É uma estrela que indica um nascimento divino.

Na antigüidade, sempre se pensou que se uma nova estrela brilhasse no céu, surgiria na Terra um novo dirigente ou sábio que salvaria a humanidade. Isso está por trás da história da estrela de Belém. Assim, o sonho lhe diz que embora ainda não consiga compreender, ela descobrirá em seu ser mais profundo que Cristo nasce em sua alma. Cristo menino representa o fator salvador que nasce em nós. Mas não somos divinos, somos o estábulo no qual algo divino nasce.

Uma vez que a mulher tenha se conscientizado desse recém-descoberto espírito masculino em seu interior, identificando essa energia e sentindo-a dentro de si, não existe o perigo de que ao desenvolver seu lado masculino – seguindo uma carreira profissional, digamos – sua feminilidade venha a sofrer? Deve ser um equilíbrio muito delicado.

Bem, certamente a mulher deve ser instruída a ter uma carreira, mas ela não deve ficar possuída. Ela não deve ficar arrebatada pela carreira, ou perde sua identidade feminina. Se for capaz de mantê-la, sua profissão acrescenta-lhe uma dimensão espiritual de atividade, inteligência e força de vontade, qualidades essas muito positivas. Ela se torna alguém, uma personalidade. Jung sempre incentivou as mulheres a estudar. Ele costumava dizer que as mulheres sem carreira, estudo ou profissão em geral têm um animus muito negativo. Elas levam uma vida aparentemente feminina no lar enquanto mães e donas-de-casa, mas sua masculinidade azeda, torna-se negativa, e elas a usam para torturar o marido. É muito melhor ocupar o animus. Então ele causa menos mal.

A masculinidade na mulher é tanto extremamente positiva quanto negativa. É sob certos aspectos negativa quando a mulher não sabe como se relacionar com ela com sabedoria. Uma mulher sem animus não tem vitalidade, capacidade de empreendimento, inteligência, iniciativa. É uma pobre criatura. Ela é apenas um útero que produz filhos e uma mãe que cozinha. Uma mulher sem animus não é nada. Portanto, o animus é algo extremamente positivo. Ele é a inteligência, a busca espiritual. A espiritualidade da mulher, como um todo, liga-se a ele. Assim, você pode dizer que na mulher o animus, seu lado masculino, estende-se do diabo ao Espírito Santo.

Parte 6

Relacionamentos

Capítulo 17

Liberação do Coração

"Em nosso mundo moderno, conquistamos a liberdade sexual. Agora vem o problema muito mais difícil – a liberação do coração."

Marie-Louise von Franz

A curiosidade é uma das energias primordiais da psique. Desde cedo, a criança desmonta um brinquedo para ver como funciona. Pela vida afora repetimos a pergunta: "O que é isso?" e "Quem sou eu?"

Em nossa época, a busca da humanidade por conhecimentos produziu conquistas admiráveis. O homem chegou à Lua; fazemos corações artificiais. Mas no fim das contas, o que as pessoas mais esperam da vida é simplesmente amar e ser amado, e ninguém ainda foi capaz de descobrir o que faz uma relação humana dar certo. Deus é testemunha que tentamos. Criamos a liberdade sexual, o controle da natalidade, bares para solteiros, encontros por computador, mas essas soluções externas não deram em nada. Não passa um dia em que um analista não encontre alguém de coração partido.

Dra. von Franz, gostaria que falássemos agora dos problemas relativos ao relacionamento humano, começando com um sonho de uma mulher bem-sucedida na vida profissional.

"Sonhei que estava numa estação turística desolada, algo como a praia do filme *Morte em Veneza*. Vi um homem encostado num muro e uma mulher que andava em sua direção. Ela chegou, deu-lhe um beijo e saíram ambos caminhando. Eu estava muito curiosa e decidi segui-los.

Daí eu estava numa casa que tinha um biombo, era uma casa japonesa. Vi aquele homem na porta. Ele ia entrar. De repente, parou e olhou desconfiado para a sombra da mulher no chão. Olhei para trás e vi que a mulher se transformara numa gueixa. Ela estava toda maquiada. Sua aparência não era a de uma gueixa clássica, com olhos puxados, mas de uma caucasiana vestida de gueixa. Estava muito pálida, os olhos vermelhos e havia sangue no canto de sua boca. Eu disse ao homem: "Ela regrediu à sua vida passada."

Nesse momento, a gueixa ajoelhou-se e colocou uma bandeja de comida sobre a mesa. O homem estava agora em vias de se tornar um samurai. Havia agonia em seu rosto, como se ele estivesse numa convulsão. Eu não sabia se a agonia se ligava à transformação física ou se era porque ele estava com essa mulher. O sonho acabava aí."

Sonho de uma mulher

Essa pessoa construiu para si uma carreira de sucesso, devotando a ela todas as suas energias. Mas sua vida amorosa ficou de lado; assim, no sonho, o lado que ela suprimiu vem à tona. Ela ainda não lançou raízes na vida; ela não sabe qual é seu lugar e de repente surge a questão: "O que fazem entre si um homem e uma mulher comuns? Como se relacionam um com o outro? Qual é o significado do amor?"

A sonhadora está num lugar turístico que é o oposto do lugar onde se vive e se lança raízes. É um lugar de passagem onde se está por acaso. Até que observa um homem na rua pegando uma mulher que lhe interessa e ela os segue para ver o que acontece. Vemos assim que o problema de relacionamento entre homem e mulher começa a se constelar.

Ela os segue até uma casa japonesa decorada com um biombo (mais adiante, no sonho, veremos que a cultura japonesa desempenha um papel especial em sua situação, portanto, não falarei disso agora. O biombo simplesmente significa que o problema ainda está discretamente velado. Ela ainda não sabe o que se passa). Ela percebe então que o homem olha desconfiado para a silhueta da mulher no chão, a silhueta da sombra, e que a mulher está fazendo o papel de gueixa, o que é uma pura representação, um modo de não ser ela mesma.

> "Bem, quando adolescente sempre me interessei por gueixas, porque elas são plasticamente tão atraentes. O rosto parece uma máscara e eu ficava me perguntando o que havia por trás. As gueixas representam refinamento, a forma suprema da estética japonesa. Não sei se as considero atraentes. Mas há uma certa sofisticação associada a elas."
>
> *A mesma pessoa*

A tarefa da gueixa é satisfazer todas as fantasias masculinas sobre o feminino ideal. Ela não pode viver sua realidade feminina. Ela tem que representar, e portanto lança uma sombra. Sua verdadeira feminilidade permanece na sombra, e no sonho o homem desconfia da sombra da mulher. "Como será a sombra de uma gueixa? Como será uma gueixa quando não está maquiada, quando não está desempenhando seu papel? Que tipo de mulher ela será então?" Esse é o tipo de questão que essa mulher tem em mente.

Da boca da gueixa escorre sangue e seus olhos estão injetados, o que indica estar ela sofrendo alguma dor terrível ou tortura. Isso mostra que atuar as fantasias de um homem, em lugar de ser uma mulher em si mesma, é uma tortura para ela. Esse sempre foi o destino das gueixas. Por exemplo, os chineses enfaixavam os pés das mulheres das classes superiores, de forma que elas ficavam aleijadas. E elas não podiam reclamar. Tinham que satisfazer as fantasias dos homens tornando-se elegantemente irreais, como se não tocassem o solo, como se não tivessem pés de camponesas.

Os homens temem o lado terreno das mulheres. Esse lado é seu poder, sua conexão com a realidade terrena e os homens o temem porque, como Jung percebeu, as mulheres são na verdade o sexo mais forte. É por isso que os homens têm medo do lado terreno das mulheres. Ao deformar os pés das moças chinesas da camada superior, eles as transformavam em borboletas, em criaturas delicadas, etéreas e românticas. Mas para as mulheres isso era uma mutilação e, naturalmente, as gueixas são completamente mutiladas. Elas tinham que reprimir todas as suas naturais reações femininas para desempenhar o papel de gueixa.

Assim como a gueixa tem os olhos injetados, o homem também padece alguma forma de tortura. Sua transformação em samurai parece causar-lhe enorme dor. Ora, o samurai carrega uma projeção pessoal para essa mulher que teve o sonho.

O samurai é o romântico bem-amado de sua adolescência e o homem no sonho sofridamente transforma-se nesse ideal. Até mesmo no sonho ela

> "Na minha adolescência em Hong-Kong os filmes japoneses eram muito populares. Os samurais eram os heróis da garotada. Fisicamente atraentes, eles sabiam o que era certo e o que era errado. As garotas eram loucas pelos samurais japoneses, em comparação com os homens chineses, em geral mais baixos."
>
> *A mesma pessoa*

reconhece que isso é uma regressão. A mulher regride a uma vida passada, o que sugere qual a intenção do sonho.

A sonhadora emigrou para o Canadá e concentrou todas as suas energias em desenvolver a carreira. Agora que ela está no topo, o problema amoroso vem à tona, o problema de encontrar um companheiro e realizar um sonho de amor – e aqui ela não pode se basear em nenhum modelo ocidental de relacionamento entre homem e mulher. Ocorre portanto uma enorme regressão ao passado histórico, ao Extremo Oriente, onde o modelo medieval dessa relação era o samurai e a gueixa. Mas como as figuras que atuam o samurai e a gueixa sofrem essa grande tortura, isso significa que a sonhadora não pode voltar a esse modelo. Isso restringiria por completo sua feminilidade moderna. Mas como não tem outro, no momento ela volta para esse modelo medieval para em seguida ir para frente e criar ou encontrar em sua alma um novo modelo de feminilidade. A tortura no sonho é a dor do parto de procurar e não ter ainda encontrado sua própria imagem ou identidade feminina.

No nível coletivo, a busca de sua própria identidade feminina tem levado a mulher moderna a uma rebelião contra o patriarcado. Mas paradoxalmente, essa mesma busca fez com que muitas mulheres voltassem diretamente para relações do tipo gueixa. Elas querem companhia e sexo sem envolvimento pessoal. Como explicar isso?

Há duas raízes para isso, a meu ver. A mais profunda é que muitas mulheres na América do Norte são infelizes porque a vida social nesse continente não é suficientemente arraigada. As pessoas têm demasiada mobilidade; as mulheres têm pouca chance de fixar suas raízes na terra, num jardim, numa casa, numa comunidade, num ambiente onde possam ficar. Essa mobilidade constante até que agrada aos homens, mas é desastrosa para as mulheres. Danifica seus instintos. Aí as mulheres querem sexo em troca, porque essa seria sua última possibilidade de estabelecer uma conexão com o próprio corpo, uma confirmação da sua própria existência física. Mas trata-se de uma ação desesperada, um substituto de algo muito diverso. É um substituto da ausência de vida feminina, de um ritmo feminino de vida.

O ritmo de vida norte-americano é agitado demais para a mulher. Isso a lesa mais do que ao homem. Não é bom também para ele, mas o dano maior recai sobre a mulher. E, além disso, há todo um mundo de publicidade e a idéia social de sucesso – as garotas têm que namorar e se perguntar: "Você já está namorando?", e assim por diante. O relacionamento entre os sexos torna-se uma questão de sucesso, de conquista social, em vez de sentimento.

As mulheres são capazes de administrar o sexo com a cabeça, de uma forma completamente fria, sem o menor sentimento, como um meio de confirmar sua auto-estima. Elas pensam: "Preciso arranjar um homem. Preciso ter um caso para provar para mim mesma que sou normal." Mas isso nada tem a ver com o verdadeiro sentimento instintivo da mulher. Ela passa por cima desses sentimentos com uma idéia teórica de que precisa arranjar um homem e ter relações sexuais com ele. Isso tudo é um frio jogo de poder que não leva a nada.

O instinto sexual é um, mas há muitos outros. Há o instinto de auto-preservação, há os instintos sociais e os agressivos. Há toda uma legião de diferentes instintos. Não há animal, por exemplo, que consista apenas de desejo sexual. Um cachorro tem agressão, tem necessidade de alimento, necessidade de afeto, de estar com outros cachorros, etc., etc. Se uma mulher elege o instinto sexual como sendo o único e o administra com a cabeça, isso se torna antiinstintivo por romper o equilíbrio. A natureza nunca escolhe um instinto contra os demais. A natureza mantém uma espécie de homeostase, ou equilíbrio geral entre os instintos. Ela liga um e desliga outro, e assim por diante. Se observarmos a vida animal, veremos que isso é periódico. O animal tem fases de instinto sexual, situações para o instinto de agressividade, situações para o instinto coletivo de agrupamento. Seus ritmos são regulados por uma totalidade, pela integridade do seu ser. Só o ser humano é estúpido o suficiente para isolar um instinto e governar sua vida por ele. Naturalmente, ao fazê-lo ele se volta contra a totalidade do mundo instintivo, prejudicando o próprio corpo e a própria vida.

Se a mulher não tiver uma forte conexão com sua própria natureza feminina instintiva, ela entra nesse tipo de insensatez. E aí ela administra seus relacionamentos tentando conquistar homens. Ela os coloca no bolso e vangloria-se perante as amigas. É claro que isso nada tem a ver com seus verdadeiros sentimentos femininos.

Mas parece que essas mulheres têm medo dos seus próprios sentimentos femininos. Elas querem uma relação sem envolvimento emocional. De fato, quando este ocorre, elas chegam a terminar o relacionamento.

Isso é porque um envolvimento emocional traz conflito. Quem está emocionalmente envolvido com outro ser humano pode facilmente se machucar e corre o risco de desentendimentos. Até mesmo a melhor companheira o magoará de quando em vez. Você está exposto; está vulnerável; fica dependente. É nisso que essas mulheres não querem entrar. Elas têm medo disso. Elas temem as complicações do coração. Elas preferem administrar uma relação com um frio homem de negócios, simplesmente desfrutar o prazer e dizer 'até logo'. "Não tem nada a ver com você pessoalmente." Isso é uma rejeição do destino feminino, que é interessar-se pessoalmente pelo homem e portanto ficar vulnerável. E se perder o companheiro? E se ele for embora com outra? E se ele ficar fora por anos viajando no estrangeiro e não voltar? Essa é a eterna dor das mulheres.

As mulheres desejam um relacionamento pessoal duradouro e os homens não costumam importar-se com isso, ou vivem um tipo de vida que os impede de fazê-lo. Eles têm que cuidar dos seus próprios negócios. Essa é a tragédia entre homens e mulheres e aquelas que não querem envolvimento pessoal pretendem fugir dessa tragédia. Elas querem fugir do sofrimento e naturalmente acabam caindo em sofrimento ainda maior.

Em nosso mundo de hoje, as mulheres conquistaram sua liberdade sexual. Podem viver a sexualidade como bem entenderem; isso já não é mais problema. Agora é a vez de um problema muito maior: a liberação do coração. Esse é o programa para os próximos cinqüenta anos.

Liberação do coração...?

Há dois tipos de conexão humana. Um é técnico: o patrão e o empregado, o condutor de ônibus e o passageiro. É organizado por regras, hoje em dia inclusive por regras psicológicas (já existem programas de treinamento para gerentes sobre como lidar com funcionários). O outro tipo de conexão humana é através do sentimento, de gostar e não gostar, e atualmente isso não conta muito. Uma mulher às vezes gostaria de dizer: "Isso tudo parece muito lógico, mas sinto em mim uma coisa que diz não." Hoje em dia ninguém daria ouvidos a isso. Se ela não puder formular isso em termos de uma dedução lógica, ninguém presta atenção. Dizer "meu sentimento instintivo me diz que isso não é bom" não basta. Os homens fazem consigo a mesma coisa. Eles também têm sentimentos, mas os ignoram. Eles podem sentir algo estranho no estômago, mas pensam: "Ah, isso é por causa do fuso horário." Dão um jeito de racionalizar. Eles não escutam as reações do coração.

É por isso que muitos dos assim-chamados povos *primitivos* nos países ditos *subdesenvolvidos* nos recriminam, e com toda razão. Sejam quais forem suas deficiências, eles ouvem mais seus sentimentos. Você ainda pode dizer a um aborígine australiano: "Hoje tenho uma sensação ruim. Não vou sair do acampamento." Ou então: "Aquele sujeito parece nos estar fazendo uma boa oferta, mas por algum motivo não gosto dele e vou ficar fora disso." Para um aborígine australiano você ainda pode dizer isso, mas se for para um homem de negócios americano e branco, ele simplesmente pensará: "Ah, as mulheres..."

A senhora acha que corremos o risco de erigir um muro de racionalidade em nossa sociedade, impenetrável ao sentimento? Estaremos perdendo a capacidade de amar e ser amado?

Acho que esse é o problema número um da Era de Aquário. A única coisa que poderia nos salvar, no Oriente e no Ocidente, de cairmos numa sociedade de massas super-racional, superorganizada e que sufoca o indivíduo é uma reavaliação da importância dos sentimentos pessoais. Felizmente, muita gente está acordando e percebendo os efeitos negativos dessa computadorização da humanidade. Agora, por exemplo, temos slogans políticos que repelem a interferência estatal e a organização demasiadas. Essa massificação da sociedade advém da superpopulação do planeta, a qual exige uma organização que sufoca o indivíduo. O problema é que há regras demais, e as regras são sempre impessoais – elas se aplicam a todos.

Se você estudar tribos primitivas ou comunidades agrícolas, verá que nelas todos se conhecem, cada um se relaciona pessoalmente com o outro. Os retardados e doentes mentais não são recolhidos em instituições, porque a comunidade simplesmente os tolera. As pessoas riem e dizem: "Ora, você sabe como é o fulano." Lembro-me de que ao chegarmos no vilarejo onde cresci um homem chegou e disse: "Meu pai é cleptomaníaco. Ele rouba de tudo. Se algo for roubado de vocês, por favor não chamem a polícia. Falem comigo e eu devolverei tudo." Assim o pobre velho cleptomaníaco não precisava ser internado. Todos sabiam do seu problema e agiam de modo compensatório. Isso é relacionamento pessoal. Ele, seu problema inclusive, pertencia pessoalmente à comunidade. Numa sociedade assim há menos criminosos e menos gente no manicômio. A sociedade ampara o indivíduo e o suporta. Isso lhe dá uma certa margem de liberdade; as pessoas balançam os ombros e perdoam, como que dizendo: "Paciência, ele é assim mesmo." As pessoas são aceitas como são. É isso que perdemos. E é isso que devemos restaurar de algum modo novo.

Capítulo 18

Liberação do Relacionamento

"Se um ama ao outro realmente, quer vê-lo livre, e não preso pela coleira como um cão."

Marie-Louise von Franz

Dra. von Franz, os poetas e os filósofos procuram desde há muito definir o amor de mil modos diferentes. Apesar de ter-se recusado terminantemente a definir o amor numa conversa anterior, creio que sua expressão "liberação do coração" é exatamente isso – uma definição do amor.

Bem, como o sentimento é minha função inferior tenho uma certa dificuldade para elaborar a questão. A função sentimento está sendo completamente negligenciada em nossos dias. Em geral, a identificamos com afeto e emoção, mas isso é apenas sentimento inferior. Por exemplo, os jovens em seus concertos de rock liberam os sentimentos, mas estes surgem como fortes emoções, amar a todos ou destruir tudo. O sentimento é derramado por toda parte, não tem uma orientação individual.

O sentimento diferenciado, pelo contrário, é amar uma pessoa única justamente porque é única. É difícil, porque isso pressupõe que você seja capaz de perceber a singularidade do outro e se livrar de julgamentos psicológicos esquemáticos. Em última análise, trata-se de algo irracional que tem a ver com o próprio desenvolvimento. Quanto mais nos tornamos um indivíduo único, mais nos individuamos no sentido junguiano do termo, mais somos capazes de ver o outro como um ser único, sem juízos estereotipados. Se você notar como as pessoas falam da vida alheia, muito do que é dito é um clichê que não capta a singularidade do próximo, não a define.

Portanto, liberar o coração significa tornar-se aos poucos capaz de sentir e perceber esse aspecto único da personalidade alheia e amar essa singularidade. Isso não é esse sentimentalismo cristão açucarado pronto a tudo perdoar. Ao contrário, trata-se de uma grande precisão do sentimento.

Pessoas com um sentimento diferenciado até se chocam se você fala com elas num tom que não é genuíno ou faz um gesto falso com a mão. Elas sentem a singularidade em você e esperam que você seja autêntico. Isso é a coisa mais importante para um terapeuta, amar a pessoa genuína do paciente e desgostar abertamente do que não é genuíno. Isso faz vir à tona o que o indivíduo realmente é, ou o que a natureza quer que ele seja. Esse é amor verdadeiro – amor que cura e faz do outro uma pessoa inteira. Nada tem a ver com sentimentalismo, polidez ou delicadeza.

Justamente o oposto!

Exato. É muito cansativo. É preciso estar sempre pronto para ter uma reação rápida e precisa à maneira que o outro realmente é, ou não é, ou deveria ser. Às vezes isso aparece nas anedotas sobre os mestres zen. O neófito vem com uma resposta não genuína, ou com uma questão intelectual ardilosa, e o mestre zen o atinge no cerne do seu verdadeiro ser.

A senhora se lembra de alguma anedota dessas?

O discípulo chega e o mestre diz: "Vá até o fogão e veja se ainda há fogo sob as brasas." O moço vai e responde: "Não há fogo sob as brasas." O mestre bate em sua cabeça e diz: "Sim, há fogo sob as brasas." Nesse momento o discípulo desperta.

Essa ausência de "genuinidade" é o que um homem sente quando atacado pelo animus da mulher. Ele sente que ela não está sendo ela mesma, que não está sendo genuína. Isso cria um problema delicado, com o qual o homem em geral não sabe lidar. Uma mulher muito experiente certa vez disse: "Quando animus e anima se chocam, uma coisa é certa – animosidade!" O que o homem pode fazer quando atacado pelo animus da mulher?

Ele poderia tentar falar com ela com sensatez, mas em geral ele simplesmente se irrita, cai num estado de espírito determinado pela anima e aí não consegue falar nada. Ela o culpa por sua infelicidade com uma voz infantil, lamentosa, reprovadora, e ele, com seu sentimento fraco, sente-se esquisito, irrita-se e não responde, ou bate a porta, ou pega o jornal, ou liga a televisão e emburra. Ela fica cada vez mais fora de si. O animus e a anima constelam-se mutuamente na típica guerra conjugal.

Em geral, quando a mulher ataca o homem com o animus ele fica indefeso. Ele vagamente sente que se ao menos conseguisse recolocá-la em seu papel de mulher tudo ficaria bem. É isso que às vezes o leva a agarrá-la, jogá-la na cama e dizer: "Você é uma mulher. Não seja homem." Com isso ele quer dizer: "Seja mulher. Você é minha mulher. Você não é homem." Às vezes funciona. Em alemão, convencer alguém é *überzeugen*, supergerar o outro, e às vezes o homem consegue convencer o animus dessa forma. Sei de muitos maridos que agarram a mulher e lhe dizem: "Agora chega, pára com essa besteirada toda", e assim a reconduzem à sua posição feminina.

A senhora está dizendo que há lugar para dominação masculina num relacionamento?

Naturalmente, há lugar para um homem ser homem e a mulher ser mulher, ou então a natureza não os teria feito como os fez. Não é preciso ser uma atitude de dominação. Você pode também dizer: "Faça amor com ela." É também uma expressão de amor. Às vezes, um homem consegue romper a possessão de animus da esposa simplesmente fazendo amor com ela. Tudo depende de como ele o faz. Se forem genuínos, seus sentimentos a atingirão; caso atue sem eles, nada acontecerá, não dá certo. É por isso que nunca recomendo a um homem em análise comigo que faça tal coisa, porque ele estaria apenas atuando. Ele o faria porque eu disse, e daí não dá certo. Só dá certo se ele realmente tem um sentimento positivo e caloroso por ela.

Mas com certeza ele deve condoer-se e compreender quando a mulher soluçando lhe diz: "Como você pôde me fazer isso? Se você me trata assim eu vou embora."

Ele não precisa engolir toda essa baboseira, porque a coisa só tende a piorar. Ele deve recusar essas bobagens e dizer: "Não vou nem escutar esse tipo de tolice e de choramingo." Mas, ao mesmo tempo, ele deve fazer um gesto que comunica à mulher que se ela fosse ela mesma, ele a amaria.

Para lidar com uma mulher possuída pelo animus é necessário que o homem ao mesmo tempo a ame e golpeie o animus na face. Aí ela pode sentir: "Quando sou eu mesma ele me ama, quando não sou, ele fica bravo." Assim o homem ajuda a mulher a encontrar uma saída. Ela começa a perceber o que é ela e o que não é. Uma mulher com um animus negativo forte não consegue distinguir a diferença.

Pense, por exemplo, na mulher que descobre que o marido está tendo um caso. Seus sentimentos femininos e pessoais estão feridos. Se puder reagir de modo feminino, ela expressará dramaticamente ao marido o quanto está magoada. Mas em lugar disso, o animus, seu lado masculino, diz assim: "Essa história não pode continuar. Ou você acaba com isso, ou a gente se separa. Eu vou lhe dar um prazo. Você dá o fora nela até o fim do mês ou então está tudo acabado entre nós."

Ora, isso é o animus falando como um advogado. Isso não é fala de mulher. E mesmo que ela não sinta isso, suas amigas vão achar que é assim que ela deve falar ao marido. Ela então embarca nisso e diz a ele: "Olhe aqui, isso tem que acabar. Não dá mais. Não agüento mais. Tome uma decisão." E assim por diante, sempre a mesma coisa – um advogado falando. O marido tem um vago sentimento que lhe diz: "Esta não é minha mulher. É um advogado que está falando comigo." Aí ele explode e depois emburra, ou então, como acontece aos homens quando a mulher se comporta como homem, ele fica possuído pela anima, se esquiva e começa a mentir. Isso a enfurece ainda mais. Então você tem a clássica guerra conjugal, animus contra anima, que é a mesma pelo mundo afora, da China ao Canadá. Você pode fazer um clichê: é sempre a mesma troca de palavras. Mas a mulher não se dá conta de que não está expressando o que sente. Ela acha que o que está dizendo é a expressão dos seus verdadeiros sentimentos e da sua verdadeira opinião, mas se prestar atenção, a frase em geral começa com "não *se* pode fazer isso". Na maioria das vezes, temos apenas um clichê impessoal. "Uma situação *dessa* não pode continuar. *Tais* situações *sempre* acabam assim." Não há uma reação individual de sentimento.

Bem, se o marido está tendo um caso, o que ela pode fazer?

Não há regra geral. Ela tem que ir pelo caminho do sentimento. Depende do tipo de caso que o marido está tendo, se ela sente que ele tem necessidade disso, ou que ele está se encaminhando para um desastre, cabendo a ela impedir que isso ocorra. Depende de mil detalhes. É por isso que não há uma receita geral. Pode ser que o marido não quisesse se apaixonar. Talvez isso tenha acontecido contra a sua própria vontade, e por que então ela deveria ficar furiosa com ele? Ela deveria antes encará-lo como alguém doente. Se ele estiver com gripe ela cuida dele, mas se ele estiver com gripe de amor ela não agüenta.

Veja bem, se a mulher ficar com o sentimento, ela pode perceber as implicações pessoais, pode enxergar a situação como um todo de uma forma muito pessoal e diferenciada e então encontrar nela a sabedoria necessária para lidar com o problema. Mas se cair no animus, as regras coletivas a afastam do seu verdadeiro sentimento.

O relacionamento muitas vezes principia quando duas pessoas se apaixonam. Cada um encontra sua outra metade, sua "alma gêmea". O que acontece quando se retira essa projeção? A relação termina?

Não se pode dizer de antemão. Em geral, quando duas pessoas num segundo se apaixonam, é na base de uma projeção e muitos casamentos começam assim. Segue-se então, inevitavelmente, um período de desilusão, quando cada um descobre que o outro é muito diverso do que havia imaginado. Agora são dois estranhos olhando um para o outro e se dizendo: "Como é que eu pude?" E aí começa o grande teste. Eles conseguem construir um verdadeiro relacionamento depois da projeção ter acabado, ou não sobra nada?

Como eles podem saber se um verdadeiro relacionamento é possível?

Observando os sonhos. Já trabalhei com casais em análise. Depois de superada a obsessão cega da projeção do animus e anima, ambos sonham que por fim podiam se casar, desta vez para sempre. Um deles, ou os dois, sonham que iam para a igreja participar da cerimônia nupcial, como se a remoção da projeção lhes possibilitasse uma verdadeira relação, amar de olhos abertos. Sabedores do que dizem, um e outro se dizendo sim pela primeira vez.

Na nossa sociedade ocidental, muitos de nós tomam a mais importante decisão da vida baseados nessa projeção. O que a senhora acha desse modo de escolher o parceiro?

Acho que é o melhor possível. No passado, as famílias combinavam matrimônios por razões econômicas, políticas, ou por interesses familiares. Essa tradição ainda persiste em famílias abastadas na Índia e na China. E isso também não é lá muito satisfatório.

Eu diria que é melhor deixar o destino cumprir sua parte. A escolha basear-se-á em muitos casos na projeção, mas se as pessoas forem instintivamente saudáveis elas não projetarão apenas. Se uma imagem paterna ou materna não atrapalhar a situação, as pessoas têm um instinto salutar que as ajuda a escolher o parceiro certo e depois, mesmo que a coisa não dê certo, elas acabaram aprendendo alguma coisa. Se você as impedir elas não aprendem nada e continuam como cachorrinhos cegos.

Assim, a meu ver, as projeções, o erro e um provável divórcio são às vezes um desvio que não pode ser evitado. É trágico e triste, mas pela primeira vez na história da humanidade estamos agora fazendo experiências com o amor livre. Na origem, enquanto instituição, o casamento nada tinha a ver com amor. Mas já não podemos mais fazer isso; é impessoal demais, é coletivo demais. Portanto, se queremos um relacionamento pessoal, temos que fazer experiências conosco mesmos. Creio que haverá muita dor e sofrimento, os homens torturando as mulheres e estas torturando aqueles, até despertarmos para uma possibilidade de relacionamentos melhores.

Trata-se de uma experiência singular na história; começou com as *cours d'amour* na França, quando os cavaleiros podiam escolher a mulher que amavam e ter relações amorosas livres. Mas a igreja católica prontamente reprimiu tudo. Havia demasiados filhos ilegítimos, complicações familiares e problemas de herança. A tendência legalista do homem suprimiu tudo.

Quando os analisandos vivem dificuldades amorosas eu lhes digo: "Agora você está em território pioneiro." Pela primeira vez na história, estamos realmente tentando relacionar o homem e a mulher numa base humana, e com certeza haverá muitos erros e problemas no início.

Os modernos desenvolvimentos da psicologia não pretendem abolir o casamento, mas torná-lo um pouco menos rígido, um pouco menos tirânico, especialmente depois que os filhos cresceram. As crianças precisam de uma vida familiar unida e intensa e, portanto, os impulsos biológicos em geral mantêm os casais unidos no início do casamento, mas depois de um certo tempo essa unidade familiar bem integrada passa a ter menos importância. Provavelmente esse fato tem uma motivação social. Se a comunidade consistir apenas de pequenas famílias felizes e bem integradas, não haverá vida comunitária no sentido pleno. Haverá apenas pequenos pacotes sem relação um com o outro, e que digam algo do tipo "meus filhos são melhores do que os seus". À medida que os filhos crescem, portanto, há em geral uma tendência do inconsciente não a dissolver, mas a afrouxar o casamento, a exigir mais liberdade para os parceiros.

Defendo, portanto, uma certa liberdade tanto para os homens como para as mulheres. Penso que no casamento deveria haver liberdade mútua. Os cônjuges deveriam proporcionar-se liberdade e compreensão mútuas.

E como fica a fidelidade?

Bem, a questão é saber o que é fidelidade. É o que a lei estipula – quer dizer, que você não pode ir para a cama com outra pessoa, o que não significa nada? Jung dizia que se pode cometer adultério apenas olhando com amor nos olhos de alguém. Isso pode significar mais do que uma história de cama que não significa nada. Portanto, o que é adultério? O que é fidelidade? Não creio que esta deva ser definida de forma puramente exterior. Para mim, fidelidade quer dizer uma lealdade básica à essência do outro, uma lealdade sem compromisso para com o âmago do coração do outro. Mas isso não exclui reservar-se uma certa liberdade, ou permitir que o outro também a desfrute. Pelo contrário, aquele que realmente ama o outro quer vê-lo livre e não preso pela coleira como um cão.

Parte 7

O Self

Capítulo 19
Sonhos de uma Vida

"A semente de um pinheiro da montanha contém em si a futura árvore em forma latente; mas cada semente cai a seu tempo num lugar próprio; sob o efeito de fatores diversos, como a qualidade do solo ou as rochas, o grau de declive e de exposição ao sol e ao vento. A totalidade latente do pinheiro na semente reage a essas circunstâncias desviando-se das pedras e inclinando-se para o sol, o que acaba moldando o crescimento da árvore. Assim um pinheiro individual lentamente toma corpo, constituindo a realização da sua totalidade, sua manifestação no mundo da realidade. Na falta da árvore viva, a imagem do pinheiro é apenas uma possibilidade, uma idéia abstrata. ... A realização dessa singularidade no indivíduo é o objetivo do processo de individuação."

C.G. Jung, *O homem e seus símbolos*

Os sonhos nos indicam onde se encontra nossa energia e para onde ela quer ir. Todo sonho é uma mensagem útil que propicia um insight *sobre o sentido específico de uma situação também específica da nossa vida. Noite após noite essas mensagens se repetem, chegando a mais de cem mil no decorrer de uma vida. Se estudarmos nossos sonhos por um certo tempo, começaremos a perceber conexões significativas entre eles. Parece haver uma força diretriz que nos guia até o nosso próprio destino individual.*

Dra. von Franz, será que em seu trabalho de analisar sonhos foi possível detectar algum padrão geral na vida onírica de uma pessoa?

Ainda há muita pesquisa a ser feita. Registrei meus sonhos durante quarenta anos e alguns dos meus analisandos também o fizeram, por longos períodos. Recebi de um paciente que veio a falecer cerca de três mil e oitocentos sonhos; ele os anotou conscienciosamente durante anos.

Outro analisando selecionou alguns temas em seus sonhos: o tema da luta, do pai, de esportes, etc. Ele observou que esses temas apareciam, desapareciam, depois voltavam a aparecer, de forma periódica. Ao acompanhar um tema específico, ele pôde perceber a gradual transformação do mesmo.

As pessoas em análise às vezes desanimam: "Continuo sonhando que meu pai grita comigo. Esse sonho me persegue desde o começo da análise. Não melhorei nada." Mas eu digo: "Espere um pouco, se observarmos com atenção, retomando todos os sonhos com seu pai, você verá que há uma leve mudança." A mudança é muito gradual. É como se algo no fundo da pessoa ficasse cozinhando o tema e enviando mensagens de vez em quando. A figura de um pai negativo, por exemplo, torna-se cada vez mais amigável. Ou então uma situação perigosa, presente nos sonhos iniciais, reaparece mais tarde, mas com algum tipo de solução. É como se a natureza lentamente chocasse os problemas, desenvolvendo-os devagar. Esse desenvolvimento lento pode ser observado na interpretação de sonhos. Nossa atenção consciente pode acelerar esse processo de maturação cooperando com a natureza na resolução dos problemas. A análise não é mais do que a concentração da nossa atenção consciente no processo natural de maturação com vistas a apressá-lo. É como pôr mais fogo, para que o processo ande mais depressa.

Nossa vida consciente parece desenvolver-se através de fases bem definidas: infância, adolescência, etc. Os sonhos têm um desenvolvimento paralelo?

Há uma diferença essencial entre os sonhos dos jovens e dos idosos, e no meio da vida ocorre um estágio transitório. Pode-se dizer que em geral os sonhos dos jovens os ajudam a adaptar-se à vida. Há um movimento rumo à adaptação externa, à realização da vida amorosa, da ambição pessoal e assim por diante. Entre 35 e 40 anos, os sonhos visam uma adaptação à vida interior, a descoberta do sentido da própria vida. Atualmente, porém, mesmo os jovens podem sentir a urgência da vida interior. Estamos a tal ponto esmagados pela mentalidade massificada da nossa civilização, devido ao problema da superpopulação, que muitos de nós se sentem supérfluos. Você sente algo assim: "Se eu fosse para o cemitério nada mudaria. Haveria uma boca a menos para alimentar, o que seria uma bênção. A humanidade continuaria a se propagar pelo planeta." A mentalidade massificada que rege a nossa civilização nos esmaga e nos faz sentir supérfluos e sem importância. Na vida profissional, podemos sempre ser substituídos por outros vinte que disputam o mesmo posto. E isso tem um efeito muito destrutivo sobre o homem moderno. Ou ele compensa, tornando-se um megalomaníaco que quer estar por cima e pelo menos conquistar alguma coisa, ou se sente completamente esmagado e supérfluo, de modo que uma depressão insidiosa se instala nele. Hoje em dia você encontra essa depressão em muitos jovens. De alguma forma não perceptível, eles se sentem profundamente deprimidos e desencorajados. Não acreditam em suas próprias vidas, nem no significado de sua existência.

Ora, os sonhos apontam para o indivíduo o sentido único da sua vida também única. Talvez seja esse o aspecto mais importante da vida onírica. Há duas mil árvores na floresta e todas não passam de árvores, mas quando olhadas de perto e com atenção cada uma tem uma personalidade única. Não há duas árvores iguais. Todas elas são personalidades. A natureza realiza seus padrões através de seres únicos e individuais. Por isso o pensamento estatístico é tão pernicioso, tão nocivo. Podemos dizer que num monte de pedras o peso médio é um quilo. Mas se observarmos as pedras individualmente, veremos que nenhuma tem um quilo. Uma pesa dois quilos, outra meio quilo e assim por diante. Precisamos aprender a ver e respeitar o caráter único da coisa em si. A realidade consiste de um imenso número de seres únicos e os sonhos nos ajudam a descobrir padrões únicos da nossa vida. Na prática psicológica moderna as pessoas vivem se queixando: "Minha vida não tem sentido." Elas sacodem os ombros e dizem: "Para quê? O que estou fazendo aqui? Para que serve isso tudo? Eu poderia muito bem não existir." E aqui o sonho é singularmente importante ao indicar o que o inconsciente quer dessa pessoa, o que ele quer que essa pessoa se torne.

Costuma ser surpreendente. Quando as pessoas me procuram, às vezes tento adivinhar qual é seu destino, sua tarefa. Imagino o que acontecerá com elas. Trata-se de um problema criativo? Será que essa garota tão infeliz no amor encontrará seu João ou seu José? Eu nunca acerto. O que acontece é uma total surpresa. E depois de o fato ter acontecido, pode-se dizer: "É a solução adequada a essa pessoa e não uma solução coletiva."

Por isso, às vezes, publicar casos se torna muito desanimador. O leitor pensa: "Ah, essa é a solução para a minha depressão", ou então, "Essa é a solução para o meu casamento infeliz". Mas não é. É apenas a solução para aquela pessoa, naquele caso particular. Outro caso é diferente. Todas as soluções são únicas. É por isso que chega a ser perigoso publicar casos, porque as pessoas se identificam e pensam que é a sua solução. Na verdade, é apenas a solução do outro. É isso que torna tão excitante trabalhar com sonhos. Nada se repete. Você nunca pode prever com precisão. A natureza sempre dá uma resposta criativa.

A senhora acredita em predestinação? Os sonhos indicam que a vida é predeterminada?

Com certeza uma boa parcela da vida tem um padrão preexistente. Você nasce homem ou mulher, branco ou chinesa, neste lugar e não naquele, nesta família e não em outra. Há um padrão dado, mas também uma certa margem de liberdade. Senão poderíamos desistir da terapia e dizer que as pessoas devem realizar o padrão de suas vidas e que nada pode ser feito a respeito. Mas ao compreender esse padrão, ao torná-lo consciente, ao interpretar sonhos, mesmo que não possamos escapar do destino, podemos conferir-lhe um sentido mais positivo. Faz diferença dizer "sim" ao destino e cumpri-lo positivamente, ou dizer "não" e ser por ele arrastado contra a própria vontade. Podemos assim dizer que embora haja uma certa predestinação, ela não é absoluta. Não se trata da idéia fatalista de Alá que tudo decide e faz as coisas acontecerem de um certo jeito. Podemos alterá-las e é por isso que a terapia faz sentido. Podemos alterá-las compreendendo o padrão da nossa vida e portanto evitando certas conseqüências negativas. Podemos conferir-lhe um aspecto relativamente mais positivo.

A senhora disse que na primeira metade da vida os sonhos contribuem para o desenvolvimento do ego e que na segunda voltam-se para a busca do significado. O que dizem então os sonhos quando a morte se aproxima, quando alguém doente está em fase terminal?

Bem, estou começando um estudo sobre os últimos sonhos de pessoas que entram em coma. Os sonhos de moribundos não falam de morte, mas de uma jornada. Eles devem se preparar para uma jornada, ou devem atravessar um túnel escuro e renascer em outro mundo, ou percorrer uma escuridão desagradável ou uma nuvem escura e sair em outro espaço, ou então eles se encaminham para finalmente encontrar a pessoa amada. Esse encontro é o famoso tema da morte como um casamento, um casamento com a outra metade interior. Ou então, quando alguém está tão intensamente identificado com o próprio corpo a ponto de pensar que extinguindo-se este tudo terminou, ocorrem sonhos que procuram separar a pessoa do seu corpo. Lembro-me do sonho de um oficial de cavalaria, depois do qual veio a morrer, em que um soldado chegava e lhe dizia: "Olhe bem o que vim lhe mostrar." E mostrou a ele a carcaça em decomposição do seu cavalo. Jung interpretou esse sonho nos seguintes termos: "O animal de sangue quente que você é vai morrer. É isso o que vai lhe acontecer, mas isso não é você. É apenas o corpo animal de sangue quente que entrará em decomposição e não você." Jung interpretou dessa forma porque a consciência do sonhador ainda existia no sonho. Ele era capaz de olhar para o cadáver.

O sonhos finais das pessoas apresentam uma enorme variedade. Em geral, eles contêm os mesmos temas arquetípicos que a etnologia comparada descobriu ao estudar rituais fúnebres e crenças sobre vida após a morte entre as diversas populações humanas: que se trata de um renascimento, uma longuíssima jornada até outro país, uma transformação, uma destruição parcial da qual algo permanece. Os temas são muitos.

Hoje, durante o almoço, a senhora me contou o sonho de uma mulher que estava morrendo.

Sim, ela era uma pessoa muito simples e disse à enfermeira, logo após o café da manhã: "Esta noite tive um sonho estranho. Eu via uma vela no parapeito da janela. Ela estava se acabando e começava a tremeluzir. Fiquei apavorada e pensei: 'Meu Deus, agora virá a grande escuridão, a grande escuridão vem vindo.' E então, de repente, houve uma mudança. A vela estava do lado de fora da janela, era grande e estava novamente acesa." Não é um sonho incrível? Quatro horas depois ela morreu.

O sonho parece dizer a ela: "Sim, a vela da sua vida está tremeluzindo. Vai se apagar. Mas a vida vai continuar em outro nível, em outra esfera. Além do limiar isolante do vidro da janela, a mesma vida continuará." Mesmo sem entendê-lo, o sonho lhe trouxe conforto. E esse é um sonho típico de alguém que está morrendo.

Lembro-me de outro sonho, publicado por um médico. Um homem via um abismo, no fundo do qual uma árvore viva ia aos poucos perdendo as raízes. De repente, aconteceu um terremoto, a árvore começou a tombar e ele pensou: "Isso é o fim." Nesse exato momento a árvore passou a flutuar no ar e continuou a existir dessa forma, sem raízes na terra. Ela ficava ali, no ar, como se o inconsciente estivesse dizendo: "Sua árvore da vida está perdendo o contato com a realidade terrena, mas ela não está morrendo. O processo vital continua em outro meio."

Esse é o ponto essencial da maioria dos sonhos dos moribundos e é por isso que vale a pena continuar a análise com eles. Muitas escolas psicológicas não se importam com os velhos ou com os que estão próximos da morte, porque pensam que eles já não têm mais necessidade alguma de adaptação à vida. Afinal, não há mais problemas sexuais quando você está no leito de morte. Mas você pode perceber que a voz da natureza ou a voz do instinto, que é o sonho, ajuda as pessoas a morrer em paz. Ela lhes traz conforto.

Várias pessoas, a quem contei sonhos como esses, objetaram que se tratava de pensamento autocomprovador e que os sonhos são realizações de desejos, mas eu não acredito nisso. Como você pode perceber no sonho do cavalo em decomposição, a natureza diz sem o menor sentimentalismo que o fim se aproxima. No sonho daquela senhora, a vela tremeluzente definitivamente se apaga. Mas ao mesmo tempo que diz que algo chega ao fim, o sonho também diz que algo continua em outro nível. É muito difícil imaginar como, ou o que acontece. Só podemos aceitar do jeito que é.

Há sonhos que prenunciam a morte, que indicam que alguém realmente vai morrer?

Bem, eu diria que enquanto a pessoa viver você nunca pode ter certeza. Certa vez uma mulher que sofria de câncer me consultou. Havia metástases por todo o corpo. Ela tinha sonhos de morte muito chocantes. Num deles, seu relógio havia parado de funcionar. Ela o levava ao relojoeiro, que lhe dizia que o relógio não podia mais ser consertado. Em outro, sua árvore favorita caía no jardim. Eu nem precisava interpretar os sonhos para ela. Ela me dizia entristecida: "Isso claramente diz em que vai dar minha doença." Os médicos, como de hábito, lhe disseram: "A senhora vai ficar boa. Tudo vai dar certo." Mas ela tinha certeza de que estava morrendo e esse terrível choque fez com que respirasse fundo e encarasse seus problemas. Ela tinha um problema mal resolvido e tudo o que posso dizer é que isso aconteceu há quinze anos e ela ainda está viva. Ela tinha sonhos de morte porque precisava de um choque mortal. Ela podia ter ou não morrido. Sacudida pelo choque, ela preferiu viver.

Depois dessa experiência, eu diria que sonhos de morte podem apenas querer dizer que a pessoa deveria encarar a morte. Não é que a morte vai de fato ocorrer, mas sim que a pessoa deve chegar a um confronto nu e cru com o fato de que sua vida pode acabar. Isso ou lhe provoca um choque salutar para que continue a viver, ou então quer dizer: "Agora acabou." Eu nunca ousaria dizer isso antes de o fato ocorrer.

Mas às vezes certos sonhos provocam uma sensação sinistra e lá no fundo a gente diz: "Umm... é um prenúncio de morte." Nesse caso, é uma sensação mais de natureza parapsicológica, mediúnica. Cientificamente, eu não saberia dizer com precisão por qual razão um sonho significa a morte de fato, enquanto outro se refere apenas à questão da morte. Às vezes sinto um calafrio horrível quando alguém me conta um sonho de morte, como se meu sistema nervoso simpático estivesse me dizendo: "Atenção, isso realmente quer dizer morte."

Será que seu trabalho com sonhos a leva a acreditar na vida após a morte?

Eu não diria que acredito – é forte demais. Diria que, a partir dos sonhos, parece-me haver vida após a morte. Segundo penso, os sonhos não enganam; e como não são a realização de desejos, deve haver um aspecto da vida ou da psique que continua. A questão que eu não ousaria responder com total firmeza é: "A vida continua impessoalmente, ou como identidade individual?" Os sonhos fornecem evidências contraditórias a esse respeito.

Por exemplo, se considerar aquele sonho da árvore, você poderá dizer: "Sim, o processo vital desse homem continua, mas seu ego não. A pessoa dele não está mais presente." Por outro lado, há sonhos diferentes, que indicam que até mesmo a identidade consciente sobrevive. Para mim, portanto, essa questão fica em aberto.

Dra. von Franz, a senhora demonstrou que os sonhos revelam a sina da humanidade, regulam a psique humana e são a chave que descerra o mistério de viver o próprio destino. Vimos aqui que eles trabalham com as mais profundas questões da vida e da morte. Mas há um problema que ainda me intriga. Se os sonhos são mensagens cuja função é informar nossa consciência, por que é que eles são tão obscuros?

Isso intriga a mim também. Muitas vezes me perguntei, em tom reprovador: "Por que esse maldito inconsciente fala chinês, fala essa linguagem tão difícil? Por que ele não nos diz claramente do que se trata?" A resposta que Jung dava é que o inconsciente não o faz porque obviamente não consegue. Ele não fala a língua da mente racional. Os sonhos são a voz da nossa natureza instintiva e animal ou, em última análise, a voz da matéria cósmica em nós. Trata-se de uma hipótese muito ousada, mas eu me aventuraria a dizer que o inconsciente coletivo e a matéria atômica orgânica com toda probabilidade são aspectos da mesma coisa. Assim, em última instância os sonhos são a voz da matéria cósmica. Por conseguinte, assim como não conseguimos compreender o comportamento dos átomos (repare no dialeto chinês que os físicos modernos têm que usar para descrever o comportamento de um elétron), precisamos usar o mesmo tipo de linguagem para descrever as camadas mais profundas do mundo onírico.

Os sonhos nos transportam para mistérios da natureza estranhos à nossa mente racional. Podemos compará-los à física atômica, na qual as mais complicadas fórmulas não são suficientes para descrever o que ocorre. Não sei por que a natureza construiu a nossa mente racional de um modo tal que somos incapazes de compreender a natureza como um todo. Nascemos com um cérebro que aparentemente só consegue compreender certos aspectos. Talvez no futuro, em outro planeta, haverá mutações nas quais a natureza inventará um cérebro capaz de compreender essas coisas.

Capítulo 20

O Artífice dos Sonhos

Uma lenda conta que, depois de haver criado a raça humana, os deuses entraram numa discussão a respeito de onde esconder as respostas para as questões da vida, para que os homens se vissem forçados a procurá-las.

– Podemos escondê-las no topo de uma montanha. Eles nunca irão procurar lá – disse um deus.

– Não – disseram os outros – Eles logo as encontrarão.

– Podemos ocultá-las no centro da Terra. Eles nunca irão procurar lá – sugeriu outro deus.

– Não – replicaram os outros. – Eles logo as encontrarão.

Então outro deus disse: – Podemos escondê-las no fundo do mar. Eles nunca irão procurar lá.

– Não – disseram os outros. – Eles logo as encontrarão.

Todos se calaram...

Depois de algum tempo outro deus sugeriu:

– Devemos colocar as respostas às questões da vida dentro dos homens. Eles nunca irão procurar lá.

E assim fizeram.

A psicologia analítica focaliza quatro arquétipos principais do inconsciente: a sombra, a anima, o animus e o Self. Neste livro foram examinados sonhos que revelam os três primeiros. Chegamos agora ao arquétipo central, o quarto – o Self.

O Self é o centro regulador e unificador da psique total, consciente e inconsciente. Simbolicamente, ele é expresso em toda a história da humanidade como divindade interior, ou a imagem de Deus.

Este sonho não só revela as energias do Self como explica a função dos sonhos na psique humana.

"Tive esse sonho na época da minha formação analítica em Zurique. Na véspera, conversei com um amigo sobre nossa ansiedade ao interpretar os sonhos de outros.

Esse sonho contém para mim um profundo mistério. No sonho eu era eu mesmo e também não era. O ego onírico tinha uma sabedoria e conhecimento que não tenho. É como se o *eu*, que no sonho (e não no estado de vigília) é a minha pessoa, estivesse presente à nossa conversa e proporcionasse o entendimento."

Um homem

"No começo do sonho estou sentado no chão, de pernas cruzadas, na praça central de uma antiga cidade murada. Um jovem cheio de energia e vitalidade entra na praça. Ele está de peito nu e o sol brilha em seus cabelos loiros. Ele se senta à minha frente e me conta um sonho, que interpreto. Enquanto eu interpreto o sonho, caem do céu rochas, penedos enormes, que se chocam contra o sonho, fazendo com que ele se abra. Pedaços se desprendem, revelando uma estrutura interna inteiramente feita de porcas e parafusos.

Ele continua a contar o sonho e outros penedos caem do céu. Devido ao impacto, mais lascas se soltam, progressivamente revelando um esqueleto interno que no fim tem a forma de uma espécie de escultura moderna abstrata feita de ferro. Apanho uma lasca que se solta do sonho. É feita de pão. Então digo ao rapaz: 'Isso mostra como o sonho deve ser interpretado. Você deve saber o que descartar. É como na vida.'

Aí o sonho muda. Ainda estamos os dois sentados um de frente para o outro, mas na beira de um rio. A estrutura que antes expressava o sonho dele agora é outra. Em vez de se compor de um esqueleto de ferro e pedaços de pão, o sonho agora assume a forma de uma pirâmide. É multicolorida e cada cor forma um triângulo ou um quadrado. É como se a pirâmide, que tem cerca de um metro e meio de altura, fosse toda revestida por esses pequenos quadrados e triângulos coloridos. E as cores não param de mudar, num fluxo incrível. Quando uma cor muda numa plaqueta, outra concomitantemente se altera em outra parte da pirâmide. As energias estão em constante movimento. Explico ao jovem que esse balanceamento de energia é a principal função dos sonhos. Os sonhos compensam a energia psíquica.

Então o sonho muda de novo. A pirâmide tão bela e colorida é agora toda feita de merda. E há outra pirâmide sobre aquela da base, só que invisível. Além disso, essa pirâmide superior está de cabeça para baixo, de modo que os ápices de ambas se encontram num ponto central. Mas esse ápice também é invisível. Isso muito me intriga, pois esse ponto é necessário para sustentar a estrutura como um todo. Nesse instante, o ápice começa a reluzir, com uma luz muito branca e forte. Algo deveria estar ali, mas só há luz. Olho para a pirâmide de base feita de merda e nesse momento penso: 'A mão de Deus está na merda.' São exatamente essas as palavras que me vêm à mente.

Nesse momento sei por que não consigo ver o ponto invisível. Aquele ponto branco reluzente é a face de Deus e não se pode encará-la e continuar vivo. É como um orifício numa cerca. Sem esta, não se vê o orifício. O que é visível torna visível o invisível. Daí eu acordei."

Sonho de um homem

“No começo do sonho estou sentado no chão, de pernas cruzadas, na praça central de uma antiga cidade murada. Um jovem cheio de energia e vitalidade entra na praça. Ele está de peito nu e o sol brilha em seus cabelos loiros. Ele se senta à minha frente e me conta um sonho, que interpreto...”

Na véspera, o homem que teve esse sonho quebrava a cabeça pensando de onde vêm os sonhos e como se deve interpretá-los. Devido ao fato de ser esta uma questão de tão vital importância, o inconsciente revelou esse belo sonho como se o Self, enquanto centro do sonho, se apresentasse a ele e dissesse: “Eu sou o artífice do sonho. Repare bem o que é um sonho.”

No começo ele está na praça da uma cidade murada. Desde os tempos dos romanos, as antigas cidades muradas da Europa eram traçadas como um quadrado ou um círculo com uma cruz no meio, na forma de mandala. A idéia mitológica original e subjacente era de que o centro representava o centro do mundo. Você encontra essa disposição nas cidades romanas padrão, em todas as fundações desse período e na maioria das cidades medievais. É de fato uma mandala, um centro do mundo. O sonhador está no centro de um lugar assim, no centro da vida humana e da civilização, e lá também se encontra o rapaz que conta um sonho. É um jovem loiro desconhecido, cheio de vitalidade. Poderíamos compará-lo a um herói solar, porque em geral o cabelo loiro se associa a qualidades solares. Ele é o iluminado e o saudável no interior do sonhador. Poderíamos até perceber nele um aspecto do Self da personalidade, porque em última análise o Self é o sonhador, o que envia o sonho e o que interpreta. Nós somos apenas o palhaço que olha.

> "... Enquanto eu interpreto o sonho, caem do céu rochas, penedos enormes, que se chocam contra o sonho, fazendo com que ele se abra. Pedaços se desprendem, revelando uma estrutura interna inteiramente feita de porcas e parafusos. Ele continua a contar o sonho e outros penedos caem do céu. Devido ao impacto, mais lascas se soltam, progressivamente revelando um esqueleto interno que no fim tem a forma de uma espécie de escultura moderna abstrata feita de ferro..."

Um grande penedo despenca do céu e atinge o sonho. Isso deve ser visto junto com o fato de que ele havia se colocado a questão "como se deve interpretar os sonhos?" Interpretar um sonho não é algo que se pode fazer apenas através de um esforço racional. Dependemos um pouco da ajuda do inconsciente, de palpites que vêm do inconsciente e que acertam o alvo. A arte de interpretar sonhos consiste em mirar na direção certa e atingir o alvo que dá um estalo no sonhador. É por isso que, quando uma pessoa comenta um sonho seu com outros e cada um vem com uma teoria diferente sobre o que significa, ela sente: "Sim, podia significar isso, podia significar aquilo." Daí, de repente, alguém diz algo que dá um estalo. O sonhador então sente: "É isso aí! Agora eu sinto que é isso!" É aí que o penedo cai do céu.

Quando interpreto sonhos para os outros, sempre sinto que estou perdida se o inconsciente não me transmitir o palpite certo. Eu ficaria para sempre gaguejando, mas o inconsciente, graças a Deus, tem muito interesse em que os sonhos sejam compreendidos e costuma nos ajudar a atingir o alvo. Mas é realmente um ato de graça que cai do céu.

O que sobra é uma estrutura feita de parafusos e porcas. Os parafusos poderiam ser encarados como símbolos masculinos e as porcas, como femininos. Em alemão porca de parafuso é *Mutter* – mãe. Portanto, essa estrutura é uma união dos dois princípios. Uma união de opostos. Os parafusos e as porcas estão lá para fazer conexões.

Como isso se liga à interpretação dos sonhos?

Bem, todo sonho estabelece uma conexão essencial entre a nossa consciência de ego e o nosso centro interior. Uma conexão duradoura. Todo aquele que tiver observado seus próprios sonhos por alguns anos terá em mente uma série deles, da qual dirá: "Nunca me esquecerei daquele sonho e do que significa." Fica-se para sempre ligado a ele e, através dele, ao centro interior.

> "... Apanho uma lasca que se soltou do sonho. É feita de pão. Então digo ao rapaz: 'Isso mostra como o sonho deve ser interpretado. Você deve saber o que descartar. É como na vida.' ...

Ora, assim que a interpretação atinge o alvo, ou como dizemos, chega em casa, o sonho se transforma em pão da vida. Sempre que compreendemos um sonho adequadamente nos sentimos alimentados. Sentimos, por assim dizer, o alimento sobrenatural de que precisamos lá dentro e que vem do inconsciente. Isso é muitas vezes representado nos sonhos como o pão ou a água da vida, porque, quando atinge o alvo, sentimo-nos vivificados e alimentados, e temos uma sensação de felicidade e satisfação, como depois de uma boa refeição. Como se nos disséssemos: "É isso aí. Agora sei para onde estou indo. Agora posso prosseguir." Algo se tranqüiliza e se satisfaz dentro de nós.

Quando os penedos atingem o sonho, parte da substância, o pão, se desprega, e o que resta são parafusos e porcas que lentamente constituem uma estranha estrutura piramidal. Aí temos, por assim dizer, a forma exterior do sonho e sua substância. E podemos dizer: "Sim, a forma exterior do sonho é a seqüência de imagens que precisamos ir compreendendo gradativamente."

Mas então – e essa é a parte mais difícil da interpretação de sonhos – temos que nos perguntar: "Muito bem, mas qual é a essência da mensagem desse sonho? O que ele nos diz?" Faz-se necessário assim penetrar na essência da mensagem, da mensagem divina contida naquela estranha casca, aquela seqüência de imagens absurdas e difíceis de compreender. Essa essência aponta para o Self. Os sonhos sempre apontam para o centro interior. São como centenas de formas que apontam para o mesmo centro interior. Cada sonho é uma tentativa da natureza de nos centrar, de nos religar ao nosso centro mais profundo e estabilizar nossa personalidade.

A questão principal da interpretação dos sonhos é explicada ao sonhador: ou seja, o que descartar e o que reter. "É como a vida." O sonho, como a vida, tem uma superfície que deve ser descartada. Por exemplo, os sonhos, sendo natureza pura, usam alguns símiles absurdos, alguns de muito mau gosto. Lembro-me a propósito do sonho de um analisando pintor, no qual ele cagava tanto, tanto, que a merda inundava o banheiro. Daí descobrimos o que havia se passado. Na noite anterior ele tinha começado a pintar uma tela pequena. Muitas fantasias lhe vieram à mente, mas não havia espaço para elas na diminuta tela. Dá para ver – como ele era um tanto avarento, e não queria comprar uma tela maior, o sonho claramente lhe dizia o que achava de sua atitude.

Percebe-se assim que os sonhos não respeitam as regras da boa educação ou as idéias de bons modos. Eles falam uma linguagem natural. A superfície é às vezes extremamente repelente, ou simplesmente estúpida. As pessoas dirão: "Esta noite tive um sonho absurdo e bobo." É preciso então descartar a imagem e atingir o significado. O importante não é a imagética, mas o sentido, a mensagem. E como diz o sonho, na vida é igual.

> "... Aí o sonho muda. Ainda estamos os dois sentados um de frente para o outro, mas na beira de um rio..."

É como se a primeira parte do sonho tentasse explicar ao sonhador o que os sonhos são em essência e de onde eles vêm, enquanto a segunda parte procura lhe explicar como os sonhos funcionam no decorrer da vida, simbolizada pelo rio.

O rio é uma imagem do fluir do tempo. Portanto não se trata apenas do que este ou aquele sonho significam, mas, antes, do sentido do grande rio da vida onírica, no qual a cada noite penetramos. O que é isso? O que significa? De onde vem esse rio, qual o princípio básico da sua vitalidade?

> "... A estrutura que antes expressava o sonho dele agora é outra. Em vez de se compor de um esqueleto de ferro e pedaços de pão, o sonho agora assume a forma de uma pirâmide. É multicolorida e cada cor forma um triângulo ou um quadrado. É como se a pirâmide, que tem cerca de um metro e meio de altura, fosse toda revestida por esses pequenos quadrados e triângulos coloridos..."

No sonho, ao lado do rio, a estrutura de parafusos e porcas se transforma numa pirâmide recoberta por milhares de quadrados e triângulos coloridos e vivos, em constante movimento.

Ora, a pirâmide é um símbolo daquilo que Jung denomina Self, o centro divino mais profundo da psique. É uma imagem do Self para ambos os sexos. Quando personalidade, o Self aparece para o homem como velho sábio e para as mulheres como velha sábia. Quando não personificado e sob a forma do que chamaríamos de mandala, transcendendo as diferenças de gênero, ele simplesmente significa o centro mais profundo da psique. Aqui, a imagem do Self é uma pirâmide quadrangular composta de quatro triângulos e um quadrado.

As pirâmides egípcias eram desse tipo e a pedra que as coroava era em si mesma uma miniatura da pirâmide maior. Já não há mais dessas pedras, porque todas se perderam, mas provavelmente elas eram recobertas de ouro e estavam posicionadas de tal modo que refletiam os primeiros raios do sol. A idéia era que no momento em que o sol atingisse o ápice da pirâmide os mortos ressuscitariam. Naquele exato instante, o rei morto que jazia na pirâmide se ergueria da tumba, ascenderia, acompanharia o trajeto do Deus-Sol e atravessaria o horizonte. Essa pedra, no cume das pirâmides egípcias, chamava-se *Ben Ben*. Era uma pedra sagrada e ligava-se também à palavra *Benu*, fênix, símbolo da ressurreição. Assim a pirâmide se associa sempre à parte eterna do morto. A pirâmide é a tumba que sobrevive à morte e ressuscita os mortos para a vida eterna em comunhão com o Deus-Sol. Quando os raios do sol nascente batiam na pedra *Ben Ben* o faraó em sua tumba tinha uma iluminação. Erguia-se dos mortos e novamente despertava do mundo subterrâneo.

> "... E as cores não param de mudar, num fluxo incrível. Quando uma cor muda numa plaqueta, outra concomitantemente se altera em outra parte da pirâmide. As energias estão em constante movimento. Explico ao jovem que esse balanceamento de energia é a principal função dos sonhos. Os sonhos compensam a energia psíquica..."

O sonho enfatiza que as várias plaquetas coloridas triangulares e quadrangulares que recobrem a pirâmide têm mil nuanças diferentes. Sendo uma coisa viva, a pirâmide não pára de mudar. Quando uma nuança muda de um lado, outra cor deve mudar de outro para que se preserve o equilíbrio fluido da pirâmide como um todo.

Vimos que esse equilíbrio é função do Self. O Self, o centro regulador mais profundo da psique, parece ter por objetivo manter o sistema psicológico como um todo num equilíbrio fluido. Sempre que se assume uma atitude unilateral na consciência – racional demais, espiritual ou materialista demais, dirigida demais por um único impulso – os sonhos compensam, trazendo o que pesa do outro lado da balança. É por isso que Santo Agostinho, depois de sua conversão a uma espiritualidade superior desabafou: "Graças a Deus não sou responsável por meus sonhos." Ele deve ter tido sonhos que o puxavam direto para a Terra.

Essa lei de compensação, porém, não é mecânica: se eu for bom, meus sonhos serão maus, ou, se eu ficar muito animado, terei sonhos melancólicos. Não é um meio mecânico de introduzir o oposto. Pelo contrário, é uma compensação a serviço da totalidade. É como se o sonho dissesse: "Você está desequilibrado em relação à sua totalidade." Essa é a sabedoria essencial dos sonhos: preservar um equilíbrio entre todos os nossos opostos psíquicos e estabelecer uma espécie de via intermediária. O inconsciente parece ser a favor da filosofia chinesa de Yin/Yang, ou da idéia de Tao enquanto equilíbrio sutil dos opostos.

"... Então o sonho muda de novo. A pirâmide tão bela e colorida é agora toda feita de merda..."

Aí temos de novo uma união de extremos opostos: luz divina e merda, o mais eterno e o mais transitório, o valor máximo e o valor mínimo. Nós descartamos a merda. É o que é jogado fora.

"... E há outra pirâmide sobre aquela da base, só que invisível. Além disso, essa pirâmide superior está de cabeça para baixo, de modo que os ápices de ambas se encontram num ponto central. Mas esse ápice também é invisível. Isso muito me intriga, pois esse ponto é necessário para sustentar a estrutura como um todo. Nesse instante, o ápice começa a reluzir, com uma luz muito branca e forte. Algo deveria estar ali, mas só há luz..."

Assim como na pirâmide egípcia concreta o ápice é a parte mais luminosa e mais importante de toda a estrutura, o mesmo se dá nesse sonho. O ponto supremo é um espaço vazio, algo invisível que ao mesmo tempo irradia luz. Naturalmente nos lembramos do ensinamento budista de que o Nirvana é o ponto supremo do vazio, de que o Self não é um vazio oco, mas um vazio cheio de luz sem conteúdo definido específico, ao mesmo tempo que é a fonte da iluminação interior.

Agora que o Zen Budismo e outras técnicas orientais de meditação já estão tão definidos, creio não ser necessário comentar ainda mais esse símbolo. É o estado almejado pelos orientais em seus exercícios de meditação. A humanidade, por assim dizer, tem por objetivo religar esse ponto da pirâmide. Ele representa o valor supremo da psique, ou a divindade, ou o Buda interior. As diferentes escolas usam nomes diferentes, mas internamente é sempre a mesma coisa.

"... Olho para a pirâmide de base feita de merda e nesse momento penso: 'A mão de Deus está na merda.' São exatamente essas as palavras que me vêm à mente..."

Esse ponto torna-se visível no sonho graças ao fato de que a pirâmide consiste de merda sólida. Isso faz lembrar o que pensavam os alquimistas, que o ouro era encontrado na merda. O supremo é encontrado no inferior. E em certas escolas orientais de meditação costuma-se dizer que depois de atingir a iluminação a pessoa volta à vida ordinária – a vida ordinária faz parte da vida do iluminado. Não há contraste entre ter uma iluminação interior e viver a vida de merda de cada dia. Até mesmo esses opostos se encontram.

"... Nesse momento *sei* por que não consigo ver o ponto invisível. Aquele ponto branco reluzente é a face de Deus e não se pode encará-la e continuar vivo. É como um orifício numa cerca. Sem esta, não se vê o orifício. O que é visível torna visível o invisível. Daí eu acordei."

Mas a luz torna a mão de Deus visível no meio da merda e se formos capazes de vê-la ali, poderemos suportar a merda. Se não, ela nos sufoca. É isso aí! Essa é a mensagem do sonho da pirâmide.

Ele sonhou que era uma borboleta. E ficou para sempre se perguntando se ele era um homem que sonhou que era uma borboleta, ou uma borboleta que sonhou que era um homem. Somos nós o sonho do Self ou o Self é o nosso sonho? Não sabemos.

Índice de Assuntos

Números em itálico descrevem o sonho verdadeiro.

OS SONHOS E A MORTE – Uma interpretação junguiana

Marie-Louise von Franz

A morte ocupa o primeiro lugar entre os grandes enigmas que o homem tenta decifrar. Quando se depara com ela, seu inconsciente logo desenvolve imagens simbólicas e míticas que passam a povoar os seus sonhos. Essas imagens podem ocorrer nos sonhos de pessoas de meia-idade e, mais insistentemente, nos sonhos de pessoas que estão prestes a morrer. O livro de Marie-Louise von Franz mostra, em primeiro lugar, o que esses sonhos nos querem transmitir.

A autora aborda esse tema do ponto de vista da psicologia junguiana. Em primeiro lugar, mostra como nosso inconsciente nos prepara para essa transição, valendo-se, para tanto, de um rico material etnológico, histórico, religioso e alquímico, e, ocasionalmente, de informações de cunho parapsicológico. É desse material que podemos apreender o múltiplo simbolismo que esses sonhos contêm.

A mensagem animadora deste livro é a de que os sonhos com a morte podem ser interpretados como a voz da natureza que se manifesta em nós. Através dela, nossa alma deseja transmitir-nos a crença numa continuação da vida após a morte.

* * *

Diplomada em filologia clássica pela Universidade de Zurique e conhecida internacionalmente pelos livros que escreveu, a dra. Marie-Louise von Franz nasceu em Munique mas sempre viveu na Suíça, país do qual se tornou cidadã em 1932. Colaboradora assídua de Jung durante 28 anos, trabalha atualmente na área de treinamento de analistas do Instituto C.G. Jung de Zurique. Dela a Editora Cultrix publicou: *Adivinhação e Sincronicidade, Alquimia, C.G. Jung – Seu Mito em Nossa Época* e *O Significado Psicológico dos Motivos da Redenção nos Contos de Fadas.*

EDITORA CULTRIX

JUNG E A INTERPRETAÇÃO DOS SONHOS

James A. Hall

Os sonhos, chamados, por alguns, de língua esquecida de Deus e, por outros, de mensagens do demônio, durante muito tempo foram considerados bons ou maus presságios do futuro. A crença moderna, porém, de que estão diretamente relacionados com a psicologia de cada um, e com as atitudes e padrões de comportamento de quem sonha, deve-se ao trabalho pioneiro do psiquiatra suíço C. G. Jung, que introduziu a idéia de que nos sonhos o inconsciente emerge de uma forma muito clara.

Este é um guia prático e abrangente para a compreensão dos sonhos com base nos princípios da Análise Psicológica de Jung. Aqui, o modelo da psique segundo Jung é discutido de forma concisa, com muitos exemplos clínicos de sonhos e do modo como eles podem ser interpretados em seu contexto.

Atenção particular é dada aos temas comuns e repetidos nos sonhos (quedas, perseguições, casas, carros, mortes, mágoas, casamentos, o fim do mundo, os símbolos sexuais, etc.), aos sonhos traumatizantes, à função intencional e compensatória dos sonhos, aos sonhos que prognosticam doenças ou mudanças físicas e ao modo como os sonhos estão relacionados com a etapa da vida e com o processo de individuação de quem sonha.

O autor, dr. James A. Hall, estudou na Universidade do Texas e no Instituto C. G. Jung, de Zurich. Atualmente, é psiquiatra e analista junguiano em Dallas, onde é professor clínico associado de psiquiatria na Medical School de Southwestern.

EDITORA CULTRIX

A EXPERIÊNCIA JUNGUIANA — Análise e Individuação

James A. Hall, M.D.

Por que as pessoas procuram a psicoterapia ou a análise? Há muitas razões para isso, mas costuma haver um motivo subjacente: o sentimento de que nem tudo vai bem com a própria vida; de que, de alguma forma, falta-lhe um sentido e um propósito mais profundos.

A análise junguiana está voltada para essa preocupação, pois envolve, além do tratamento clínico, o desenvolvimento religioso pessoal e a atenção para com questões científicas relativas à natureza da matéria, da mente e da causalidade. Essa a razão do subtítulo deste livro, pois nem a análise sozinha, nem a individuação sem os aspectos reflexivos do trabalho consciente da pessoa consigo mesma constituem experiência junguiana.

O amplo espectro do pensamento junguiano nos oferece uma das mais práticas e realistas abordagens da psique humana em todo o campo da teoria psicoterapêutica. Muitos dos seus princípios podem ser usados numa prática eclética de terapia, mesmo que o analista não tenha recebido um treinamento junguiano formal. Tendo essa possibilidade em vista, o autor de *A Experiência Junguiana* fornece vários exemplos clínicos sobre como traduzir o modelo junguiano da psique em termos práticos.

Este livro é destinado, portanto, a três tipos de leitores: 1) àqueles que consideram a possibilidade de se engajarem na análise junguiana; 2) àqueles que já se encontram engajados, como analistas ou analisandos; e 3) aos terapeutas com formação não-junguiana desejosos de compreender melhor a aplicação clínica da abordagem junguiana clássica.

* * *

O *Dr. James A. Hall* fez seu treinamento na Universidade do Texas e no Instituto C. G. Jung de Zurique. Atualmente, é psiquiatra e analista junguiano em Dallas, Texas, onde leciona psiquiatria clínica como professor associado na Southwestern Medical School. Dele a Editora Cultrix já publicou *Jung e a interpretação dos sonhos.*

EDITORA CULTRIX

O SIGNIFICADO PSICOLÓGICO DOS MOTIVOS DE REDENÇÃO NOS CONTOS DE FADAS

Marie-Louise von Franz

Qual a causa de estarmos freqüentemente descontentes com nós mesmos? Qual o motivo dos nossos conflitos e problemas de relacionamento? Têm eles algum significado? Este livro, resultado de uma série de palestras realizadas no Instituto C. G. Jung, de Zürich, explora esses temas, entre vários outros. Ele é o único que demonstra a importância dos contos de fadas para a compreensão do processo de amadurecimento psicológico, especialmente no destaque atribuído à integração das naturezas animal e humana.

Leitores familiarizados com a apreciação ponderada da Dra. von Franz acerca da realidade psíquica encontrarão aqui outra jóia preciosa. Sua abordagem simbólica e não-linear do significado dos temas típicos dos contos de fadas, e que também aparecem nos sonhos — banhos, derrotas, mutilações, trajes, etc. —, e sua clara descrição da imaginação ativa, dos complexos, das projeções e dos arquétipos, combinam-se para fazer deste livro um clássico moderno.

A Dra. Marie-Louise von Franz, durante muitos anos colaboradora no trabalho de C. G. Jung, é uma autoridade reconhecida na interpretação psicológica de contos de fadas, sonhos, mitos e alquimia.

* * *

Este é mais um volume da Coleção *"Estudos de psicologia junguiana por analistas junguianos"*, iniciada com *Adivinhação e sincronicidade, a psicologia da probabilidade significativa.*

EDITORA CULTRIX

DICIONÁRIO DOS SONHOS

Stearn Robinson & Tom Corbett

O interesse pelos sonhos vem da mais remota Antiguidade. Logo nas primeiras páginas da Bíblia, os sonhos de Jacó e de José estão intimamente ligados aos fatos básicos sobre os quais se funda toda a história de Israel. Acresce ainda a circunstância de ser José, além de um sonhador, um intérprete de sonhos. Foi por isso que ele encontrou graça aos olhos do Faraó, ao interpretar o sonho das sete vacas gordas e das sete espigas granosas que eram devoradas por sete vacas magras e sete espigas mirradas.

Contudo, muitos séculos haveriam de transcorrer para que o sentido premonitório dos sonhos deixasse de ser considerado uma simples especulação da crendice popular e passasse a merecer a atenção dos estudiosos. Só a partir de Freud é que a interpretação simbólica dos sonhos deixou de ser um tabu para os cientistas e se transformou num dos principais esteios da psicanálise.

Com Carl Jung, Karen Horney e outros psicólogos, de veículos exclusivos da psicanálise, os sonhos passaram a ser um componente substancial e importante em todas as pesquisas relacionadas com a psique.

Este *Dicionário dos Sonhos* o ajudará a desvendar essas mensagens cifradas de seu inconsciente. Fruto de longas pesquisas em fontes antigas e modernas, seus 3.000 verbetes constituem um valioso guia para todos os que gostam de refletir sobre o significado dos sonhos.

EDITORA PENSAMENTO